U0801707

江苏省人民检察院　编

检察研究

PROSECUTION RESEARCH

2

2023

法律出版社
LAW PRESS · CHINA
北京

图书在版编目(CIP)数据

检察研究. 2023年. 第2辑 / 江苏省人民检察院编
. -- 北京 : 法律出版社, 2023
ISBN 978 - 7 - 5197 - 8320 - 4

Ⅰ. ①检… Ⅱ. ①江… Ⅲ. ①检察机关 - 工作 - 中国
- 文集 Ⅳ. ①D926.3 - 53

中国国家版本馆CIP数据核字(2023)第174813号

《检察研究》2023年第2辑
《JIANCHA YANJIU》2023 NIAN DI 2 JI

江苏省人民检察院 编

责任编辑 许 睿
装帧设计 李 瞻

出版发行 法律出版社
编辑统筹 司法实务出版分社
责任校对 朱轶佳
责任印制 胡晓雅
经　　销 新华书店

开本 787毫米×1092毫米 1/16
印张 9.5 **字数** 196千
版本 2023年6月第1版
印次 2023年6月第1次印刷
印刷 永清县金鑫印刷有限公司

地址:北京市丰台区莲花池西里7号(100073)
网址:www.lawpress.com.cn
投稿邮箱:info@lawpress.com.cn
举报盗版邮箱:jbwq@lawpress.com.cn

销售电话:010 - 83938349
客服电话:010 - 83938350
咨询电话:010 - 63939796
版权所有·侵权必究

书号:ISBN 978 - 7 - 5197 - 8320 - 4
定价:35.00元

凡购买本社图书,如有印装错误,我社负责退换。电话:010 - 83938349

《检察研究》编辑委员会

编 委 会 主 任：石时态

编委会副主任：李爱君

编 委 会 委 员：（以姓氏笔画为序）

王铁军　方　乐　石时态　叶金强

朱建华　李　川　李爱君　杨春福

吴英姿　张　淼　张登高　欧阳本祺

俞昕水　秦宗文　席玉峰　陶国中

黄学贤　蔡道通

目录 Contents

检察工作现代化专题研究

法学专论

企业合规

检察实务

刑事抗诉工作现代化内涵和实现路径

——以J省刑事抗诉工作为样本

丁海涛*

摘要:刑事抗诉是刑事审判监督的最核心手段,也是刑事检察监督的重要组成部分。刑事抗诉工作现代化基本内涵,包括做强抗诉、精准抗诉、能动抗诉、科学抗诉、有效抗诉。推动刑事抗诉现代化,应当构建以检察一体化为主要特征的工作体制、以精准抗诉为目标的抗诉运行体系、以抗诉为核心的审判监督体系、以信息化为中心的抗诉支持体系、以共赢理念为支撑的抗诉说理机制、以实案实训为基础的抗诉素能提升体系。

关键词:刑事抗诉　现代化　内涵　机制建设

党的二十大报告专门强调加强检察机关法律监督工作,这是对检察机关的信任和期待。刑事审判监督既是检察机关法律监督工作的重要组成部分,也是中国式法治现代化不可或缺的重要环节,而刑事抗诉是刑事审判监督的核心手段,也是刑事审判监督实现的重要引领力量和显性价值指标。新时代推进检察工作现代化和刑事检察工作现代化,应着力推进刑事抗诉工作现代化。近年来,J省刑事抗诉工作得到较大发展。2022年1月至9月,J省检察机关共提出刑事抗诉297件,同比上升67%;法院同期审结裁判131件,其中采纳抗诉意见改判和发回重审100件,同比增加16个百分点。① 这些数据反映

---

* 丁海涛,江苏省泰州市人民检察院党组书记、检察长。

① 相关数据参见江苏检察网(jsjc.gov.cn),2022年1月至9月江苏省检察机关主要办案数据,发布时间为2022年10月31日。

检察机关刑事抗诉工作的规模、质量、效果不断向好，也折射出监督质效仍有一定的提升空间。笔者拟结合 J 省抗诉工作实践，分析抗诉工作现代化的内涵和实现路径。

一、新时代刑事抗诉工作现代化的基本内涵

检察工作现代化的先导是法律监督理念的现代化；重点是法律监督体系的现代化；关键是法律监督机制的现代化；基础是法律监督能力的现代化。① 抗诉是刑事检察的关键一招，抗诉工作现代化对刑事检察工作现代化有着举足轻重的意义。新时代抗诉工作现代化应包括以下要求。

（一）做强抗诉

抗诉工作只能增强，不能削弱。坚定树立“在办案中监督，在监督中办案”理念，将抗诉意识和视角贯穿到刑事检察工作的全方面全过程。进一步强化抗诉在刑事检察中的地位和工作、资源分配比重。加强抗诉工作的集中统一领导，优化抗诉组织架构、工作机制、履职方式，充分利用检察一体化优势，优化抗诉考核机制，不断提升抗诉工作的实效性、权威性。

（二）精准抗诉

必须做到事实清楚，证据确实充分，裁判确有错误，抗诉理由充分且有抗诉的必要；进一步树立证据意识，严格把握抗诉的标准与条件，夯实抗诉基础，降低撤回抗诉率；把精准监督与精细化办案统一起来，抓实抓牢办案的关键环节和关键点，实施抗点“狙击”，统一办案标准，保证裁判结果不枉不纵，保证法律的统一正确实施。

（三）能动抗诉

充分发挥抗诉在社会治理工作中的巨大作用，推进刑事司法纠错纠偏与社会治理问题一体溯源解决。选择在法治理念、司法政策、法律适用、司法程序等方面存在典型错误的案例，运用抗诉或其他监督形式，做到监督一件，促进解决一个领域、一个地方、一个时期司法理念、政策、导向性问题，不断放大抗诉成效溢出效应。

（四）科学抗诉

强化抗诉的及时性，注重做深做实一审、二审裁判审查工作，以最快的方式对错误裁判进行监督纠正，提升二抗比例，加强再抗节奏。在强化抗诉手段的同时，加强纠正意见、检察建议等监督手段的运用，“形成以抗诉为中心、多种监督方式综合运用的多层次刑事审判监督体系”②。进一步强化数字检察在抗诉领域的深层次运用，优化数据库建设和模型建构，强化抗诉工作信息化水平和信息化监督成果生成。

---

① 参见邱春艳：《坚持党的绝对领导　做优做实人民至上　深化创新能动履职　以检察工作现代化服务中国式现代化》，载《检察日报》2023 年 1 月 9 日，第 1 版。

② 元明、施鹏鹏、王洋：《新时代加强刑事抗诉工作的路径探索》，载《人民检察》2022 年第 17 期。

（五）有效抗诉

坚持抗诉工作质与量的统一，更好统筹有数量的质量和有质量的数量，在更加重视质量的同时，注重以合理数量作为基础，体现抗诉的力度；以一定的量和更重要的质，构成抗诉工作“三个效果”的统一。坚持双赢多赢共赢理念，坚决抛弃与审判机关的对抗零和思维，加强与审判机关的沟通与协作，共同维护司法公平正义。以“勇于自我解剖”的决心，紧盯诉判一致案件，系统纠正司法错误，观照带病起诉等起诉工作的不足和问题，以审判监督的视角逆推检察工作问题整改和干警素能提升。

二、当前刑事抗诉实践不足

从刑事抗诉的总体规模与占刑事案件的比重来看，抗诉办案量总体不大，发展不均衡，与其刑事审判监督的地位与价值不相适应。

（一）刑事抗点发现难

调研发现，基层检察官反映较多的是刑事抗点发现难。2022 年，J 省一审审结刑事案件 6.4 万件，判处罪犯 9.2 万人，[①]刑事抗诉案件占比 0.5% 左右。刑事抗诉案件占比有进一步提升的空间，抗诉抗点有待进一步挖掘。一些检察官在座谈中反映，近年来，抗点筛查难度有所提升。开展交叉评查、专项排查等，往往获得价值线索不多，付出与收获明显不成正比。

（二）刑事抗诉力量散

检察机关内设机构改革给抗诉工作带来的阵痛明显。改革前，抗诉工作主要由公诉部门负责，具体负责人为公诉干警、部门负责人及该部门分管领导，主体明确，职责清晰。改革后，抗诉职能分散到普通犯罪、重大犯罪、经济犯罪、职务犯罪和未检五个条线，领导体制不集中，承办力量分散，出现抗诉领域“五龙治水”问题。改革后，最高人民检察院（以下简称最高检）决定抗诉工作由重罪条线牵头，但重罪条线案件体量明显小于普通犯罪条线，大部分抗诉任务数据需要普通犯罪条线完成，形成“小马拉大车”的窘境，导致任务分配不均，力量难以有效集中。

（三）案件结构不合理

二审抗诉与再审抗诉比例相对失衡。没有充分发挥二审抗诉对错误审判的及时纠正作用，在防止正义“迟到”方面还有很大的履职空间。2022 年，J 省二审抗诉 145 件，占全省抗诉数的 39%。审判监督的三种形式，即检察建议、纠正违法通知书、抗诉的适用比例相对失衡。对于类案审判问题关注过少，没有形成通过审判监督解决一领域普遍性问题的效果，在抗诉领域深化能动检察的举措不多。

---

① 参见《2022 年全省法院审判执行工作情况》，载江苏省高级人民法院微信公众号 2023 年 1 月 12 日。

（四）抗诉质效有待提升

抗诉是对法院刑事审判活动进行监督最重要、最有效的途径，也是检察机关法律监督工作水平的集中体现。抗点的价值是抗诉案件质量的最集中体现，提升抗诉案件质量是检察工作高质量和现代化的内在要求。从 J 省抗诉工作数据来看，对于事实认定、法律适用类疑难复杂案件具有监督价值的抗点着力不多，体现监督高价值的抗点比例有待提升。

三、刑事抗诉不足和问题的原因透视

（一）刑事抗诉工作理念较为陈旧

对刑事抗诉的重要性和战略意义理解不深不透。刑事抗诉是国家赋予检察机关的专有权力，是对法院刑事审判活动进行监督最重要、最有效的途径，也是检察机关刑事审判监督的标志性工作。① 刑事抗诉是刑事检察监督体系的核心，也是充分彰显检察机关宪法定位核心机能之一。现实中，检察机关尚未完全将刑事抗诉工作置于应有的重要位置。"说起来重要，做起来不要"，没有将抗诉的重要作用做深做实；"重配合，轻监督"一定程度存在；片面强调抗诉对检法关系的影响，对应当积极抗诉的案件存在顾虑，甚至畏葸不前。部分检察人员认为只有涉及罪与非罪、此罪与彼罪、法定量刑情况错误并导致量刑畸轻畸重才有抗诉的必要，存在"抗诉只办大案"的思想。

（二）考核激励机制实效不足

考核是实务的导向。目前，最高检对抗诉考核指标进行了调整，由前期考核刑事抗诉率、刑事抗诉采纳率、撤回抗诉率，改为只考核刑事抗诉率、刑事抗诉采纳率，既重视抗诉质量，又重视了数量。但实务中，少数干警不能正确处理抗诉质与量、数与率的关系，一定程度上存在"重质轻量"，片面以提升抗诉质量为由，不敢监督从而压降抗诉数量的现象；也存在"重数轻质"，以考核为由，片面追求抗诉数量，"捡到篮子里全是菜"，对审判中的瑕疵问题无差别抗诉，而忽视抗诉质量、监督价值等问题。调研发现，笔者所在检察机关没有对抗诉工作实施针对性的专项司法奖励，在职务职级、检察官等级晋升工作中，也未将抗诉工作完成情况明确为具体参考或得分指标，抗诉工作的考核激励措施不多，动力不足。

（三）抗诉履职素能与新时代新要求不相适应

抗诉案源拓展能力还不够强，内在组织架构与加强抗诉的集中统一强力实施存在不小的矛盾，内在抗诉力量的聚合整合、检察一体化推进，以及常态化运行机制有待进一步构建和优化。对专项抗诉的项目化推进没有力度，适时对一定时期办理案件的"回头看"没有常态化，抗诉的推进举措还体现为考核指挥下的粗放式与运动式特征。近年来，数字检察与检察大数据对推进四大检察工作发挥了重要作用。当前，抗诉工作信息化推进

---

① 参见元明、施鹏鹏、王洋：《新时代加强刑事抗诉工作的路径探索》，载《人民检察》2022 年第 17 期。

力度还不够大,相关监督模型所依赖的信息数据获取存在困难,数据壁垒依然存在,检察审判监督信息化模型建构还不够科学,监督实效不明显,成本较高,各地区根据自身需要纷纷上马信息化建模工作,存在司法资源浪费的现象。抗点抓取能力有待提升,调研发现,部分检察人员不了解常见抗点,没有建立与法院审判建设相适应的抗点更新机制;个别检察人员不会审查判决书等,不知道“切块审查”“对比审查”“类案审查”等常见方法;不懂得“多点抗诉”等提升抗诉采纳率的方法路径;对抗诉的必要性掌握不够精准;抗中释法说理能力、抗后补证有待加强。调研发现,检察机关关于检察人员抗诉的训练与课程不多,岗位练兵与教育培训中对抗诉的安排资源较为稀缺。

(四)抗诉跟踪管理与履职能力不足

抗诉是检法两家围绕审判的正确性而进行的旨在维护当事人权益、守护公平正义的一种协作。抗诉是司法请求权、审判是司法决定权。检法两家的深度协作才是抗诉工作科学发展的必由之路。调研发现,个别检察干警存在抗诉即是对法院的“挑刺”的错误理解,不愿也不会就此与法院进行深度沟通;个别干警以法律监督者自居,主张监督就是“你错我对的零和博弈”,认为不需要沟通,只要抗诉有理即可。与承办法官、部门负责人、分管领导沟通协调的自觉性与能力有待提升。调研发现,少数检察机关不善于利用检察长列席审委会这一平台,从而未能强化抗诉的现场释法说理、统一司法办案与抗诉的标准、有理有节地阐释监督理由、争取审委会委员的支持。

(五)认罪认罚从宽适用导致抗诉线索发现难

司法体制改革以来,审判机关压实司法责任,加强业务素能建设,审判业务水平有了质的提高,审判监督点进一步收窄。司法实务中,诉判不一案件历来是裁判审查的重点。随着认罪认罚从宽制度的不断完善,认罪认罚从宽适用率不断上升,相应地争议点、监督点也在减少。2022 年,J 省认罪认罚适用率达到 91.11%,法院对确定刑量刑建议的采纳率达 98.5%。作为抗诉线索发现主体的检察官,在诉判一致情况下,很难发现待监督问题。2018 年 2 月 14 日最高检印发的《人民检察院刑事抗诉工作指引》第 30 条规定,对于人民法院第一审宣判后人民检察院在法定期限内未提出抗诉,或者判决、裁定发生法律效力后六个月内未提出抗诉的案件,没有发现新的事实或者证据的,一般不得为加重被告人刑罚而依照审判监督程序提出抗诉,但被害人提出申诉或上级人民检察院指令抗诉的除外。在案多人少的情况下,这一规定直接导致一些抗诉线索发现不及时,判决确有错误需要纠正的案件处于抗与不抗的争论当中。

四、当前加快刑事抗诉现代化的路径

刑事检察现代化是“中国式”和“现代性”的有机融合,①是国家层面顶层设计与基层

① 参见陈国庆:《中国式刑事检察现代化的若干问题》,载《国家检察官学院学报》2023 年第 1 期。

"摸着石头过河"相互结合推进的结果。笔者结合本地区抗诉工作实际和典型做法,对抗诉工作路径优化提出建议。

(一)建设以检察一体化为主要特征的工作体制

明确抗诉工作"一把手工程"定位。坚持一把手引领、一把手推进、一把手把关、一把手决定。强化头雁领航作用,结合入额院领导办案,抗诉案件特别是疑难复杂抗诉案件优先由院领导办理。基于内设机构改革后机构编制基本定型的实际,充分考虑实践中牵头协调与实务操作脱节的问题,本地区将"牵头部门协调推进"升级为"专班统筹一体办理",检察长任组长,吸收刑检、未检、案管、控申业务骨干担任成员,专班集中开展案件评查、线索移送、抗前评估,实现专案专办。基层院设立刑事审判监督检察官专人专岗,具体负责上下通联、参与案件评查、指导案件办理等,形成上下一体工作优势。高效实施两级院"二层六级"同步审查,即在基层院员额检察官、部门负责人、分管领导或检察长审查的同时,市院条线、专班及相关分管领导同步开展审查,提高抗诉线索发现的及时性。突破"抗诉只办大案""唯数据论""重质轻数"的旧思维,强化量质齐飞。以最高检刑事抗诉率、刑事抗诉采纳率为基础,结合各地区案件体量,各刑事检察部门体量,合理规定各地区各刑事部门基础办案数。加强抗诉案件评查,提升办案质量。将抗诉工作嵌入全员业绩考评,作为刑事检察官排名重要指标。一方面,对成绩突出的通报表扬,发放绩效单项奖金。另一方面,通过反向审视,对怠于履职的调整岗位,对不胜任检察官职务的建议其退出员额。

(二)建设以精准抗诉为目标的抗诉运行体系

秉持维护公平正义的价值追求,坚持将监督视野涵括所有审判案件。在及时审查一审裁判案件的同时,扩大对生效案件的审查范围,常态化开展一定时长阶段案件"回头看"式专项评查,"滚筒式"前进。紧盯诉判一致案件,推进审判错误、起诉错误一体纠正;加大对重点案件的审查,聚焦同罪不同罚、相近罪名定性错误、程序适用错误、量刑畸轻、赃款赃物错误处理、一事再罚、刑期折抵等一定时期重点审判问题,进行针对式监督。开展"三书比对",对已判案件起诉意见书、起诉书、判决书等进行系统对照,排查审判监督点。按要素对判决书进行"研究式切块审查",集中力量攻坚某一疑难点,实施"点穴式"监督。努力打破刑事审判监督浅表化,加强优质抗点排查,提升抗诉含金量。强化抗诉证据补强,对存在抗诉必要但证据基础相对薄弱的案件,围绕争议焦点,重新构建证据体系。

(三)建设以抗诉为核心的审判监督体系

准确把握抗诉的必要性与谦抑性。抗诉相较于其他监督手段有着无法比拟的刚性。从司法资源、监督层级、双赢多赢等角度出发,对于符合抗诉条件的坚决依法提出抗诉,积极开拓抗源;对于可以通过纠正意见等监督手段予以纠正的,可以运用纠正意见等;加强类案问题的排查,有效运用类案检察建议的方式,加强对类案问题的纠正,以此形成以抗诉为核心、三种监督共同发展的审判监督格局，展现法律监督的柔性艺术。落实一审判决第一时间审查、逐案审查工作，切实提升审查的即时性，不断提升二抗数量，合理设定二抗、再抗比例。在强化抗源挖掘的同时，加强抗源典型性建设，对同类型抗诉事由，一般只抗1—2件标杆性案件，保证有质量的数量。坚持个案办理向类案治理转变。通过个案办理发现普遍性、趋势性问题，进行抗点类案梳理，通过分别抗诉或集中书面纠违的方式，监督纠正审判错误问题，促进面上问题的解决。

（四）建设以信息化为中心的抗诉支持体系

加强数字检察、大数据检察在抗诉工作中的深度运用，努力从"数量驱动、个案为主、文书审查"向"质量导向、突出类案、数据赋能"转变。突出加强"基础数据池"建设，及时对法院审判结果及相关文书进行归纳整理；以外挂或其他形式，加强统一业务系统数据深层激活和运用，推进监督线索自动比对、智能抓取、相关抗点知识与案例自动检索推送；深度分析典型个案，梳理要素，建构抗诉与审判监督模型，加强数据模型跨地区推广和运用，推进一类抗诉问题得到系统治理和解决。笔者所在地区检察机关结合多年审判监督经验，梳理形成60余条监督规则，构建罚金刑、刑期计算、数罪并罚等4个监督模型，仅2022年就推送线索20余个，转化成案4件。例如，在审查胡某危险驾驶案过程中，发现法院拘役案件适用简易程序审限超过20天违法，遂对适用简易程序、速裁程序审限问题编写规则升级系统，经系统运行发现花某"帮信"案适用速裁程序审限超期等监督线索。

（五）建设以共赢理念为支撑的抗诉说理机制

在双赢多赢共赢理念之下，注重加强与法院的沟通衔接，充分释法说理，取得法院相关人员的理解和支持。在提出抗诉和其他审判监督意见前，充分听取法院承办人、分管院领导的意见，通过个案沟通、类案会商等方式，最大程度谋求双方利益共同点，构建相互配合、相互制约、良性互动法检关系。检察机关、审判机关应借助检察长列席审委会这一检法业务沟通的良好平台，推进检察机关检委会与审判机关审委会协作机制常态化、规范化运行，促进审判监督议题制度化列入审委会讨论范围，检察长应邀请或主动请求列席审委会就重点审判监督案件进行释法说理、阐明立场，争取法院审委会委员的支持，提升审判监督采纳率。

（六）建设以实案实训为基础的抗诉素能提升体系

自觉更新教育培训理念，加强在职司法实务技能培训规律的认知和掌握，坚持以实效为导向，以实战实训为特征，以实案为教材，保证审判监督培训成效取得足以在工作中得到良好展现的成果。笔者所在市检察机关结合检察人才"三年深耕计划"，将刑事审判监督工作作为"候任检察官训练营""初任检察官培优研修班""资深检察官进阶提升班"的必修课程，围绕刑事审判监督热点问题、新类型案件，将办理的审判监督典型案件作为培训"活教材"，将刑事审判监督未发出或未采纳案例，作为实案实训"错题集"，通过三书比对、抗源筛查、角色扮演模拟监督对抗、精准释法说理现场评析、抗点特征分析建模说理等，强化自主教学、自主服务、自我提升。检察机关应当积极走出去，借助名校资源，实现课题式研修，致力培养具有研究能力、审查监督攻坚能力的专家型审判监督人才。针对审判监督特别是抗诉实务性特别强的业务特征，加强青蓝结对等，手把手以检察官带检察官，激活小课堂、检察官联席会议的业务传承功能，加强地区常见审判监督点、审判监督方法的系统分析讲解，切实提升年轻检察官法律监督实操技能，为法律监督代际赓续与高质量发展注入动力。

聚焦“五推动　五实现”奋力实现检察工作现代化

王旭奇*

摘要:检察工作现代化是党领导下中国特色社会主义检察制度的自我完善和发展。检察机关要用全局性系统性的战略眼光,加强问题研究和形势分析,补短板强弱项,统筹服务经济社会发展和检察工作自身发展。检察工作现代化要从监督理念、监督方式、监督机制、内部管理、监督能力等层面,实现检察人员思维、检察效能、检察权运行、检察机关运转、检察人员素能的现代化,以促进法律监督与社会治理深度融合,为全面推进中国式现代化提供更强助力、更优服务。

关键词:检察工作现代化　检察效能　检察权运行　检察人员素能

党的二十大报告系统阐述了中国式现代化的中国特色、本质要求和重大原则。中国式现代化必然是法治轨道上的现代化。习近平总书记在对政法工作的重要指示中,强调“坚持改革创新,坚持发扬斗争精神,奋力推进政法工作现代化”。① 检察机关要深入学习贯彻党的二十大精神和习近平总书记对政法工作作出的重要指示精神,以强烈的政治担当、法治责任和检察自觉,奋力书写好检察工作现代化这篇大文章,为经济社会高质量发展贡献检察力量。

一、推动监督理念迭代更新,实现检察人员思维的现代化

理念是先导,思维是关键。党的二十大报告指出,贯彻新发展理念是新时代我国发

---

* 王旭奇,江苏省徐州市人民检察院党组书记、检察长。

① 参见《习近平对政法工作作出重要指示强调:坚持改革创新发扬斗争精神 奋力推进政法工作现代化——在“中国人民警察节”到来之际向全国人民警察致以节日祝贺和慰问》,载中共中央党校网,https://www.ccps.gov.cn/xtt/202301/t20230108_156425.shtml。

展壮大的必由之路。检察理念是指导、引领检察机关、检察人员做好检察工作、办优案件的思想、灵魂,是在检察工作中深入贯彻落实习近平新时代中国特色社会主义思想和习近平法治思想的司法政策、检察政策的集中体现。检察机关要以现代化思维推动新的司法理念渗透一线,落地为司法实践。

(一)树立前瞻思维

凡事谋定而后动,三思而后行,才能为未来发展把好脉、定好向。要准确把握国情、省情、市情和检情:从时间维度看,准确把握检察事业欣逢最好发展时期、逢临前所未有的重大发展机遇的大势,善于总结发展的趋势和规律,用好和抢抓发展机遇,坚定走内涵式发展、高质量发展之路。从空间维度看,准确把握国家、省委、市委发展战略,客观分析检察工作实际,在此基础上找到检察履职的结合点、切入点,立足职能、超前谋划,努力在工作创新中出实招、走在前。从自身维度看,准确把握检察机关自身存在的问题,如发展不平衡、理念更新不快等问题,要用全局性系统性的战略眼光,加强问题研究和形势分析,补短板强弱项,推动各项工作科学发展。

(二)树立精准思维

精准思维是一种精致准确、精工细作、务求实效的科学思维方式,是"求极致""止于至善"目标的实践路径,也是现代化的重要体现。问题分析要精准化。步入新时代,面临的问题愈加复杂化、多样化,必须精准区别对待,分清哪些是体制机制的弊端,哪些是检察干警责任心、执行力的问题;看清哪些是问题的外在表现形式、哪些是产生问题的内在根源,从而抓住主要矛盾,因地制宜、靶向治疗。案件办理要精准化。每一个环节都树牢质量意识,高标准办案,努力实现天理、国法和人情的有机统一,把每一起案件办成经得起历史检验和法律检验的铁案。指导工作要精准化。根据主要业务特点和各地、各部门实际情况,加强分析研究,做好科学指导、分类指导,统筹推进,形成良性竞争的氛围和态势,实现均衡协调发展。

(三)树立辩证思维

习近平总书记在学习贯彻党的二十大精神研讨班开班式上,重点围绕正确理解和大力推进中国式现代化讲了六个方面辩证关系,博大精深。实现检察工作现代化也要善于运用辩证思维,着力处理好以下三个关系:把握当下和长期的关系。考核很重要,是衡量工作成效的重要方面,但是检察工作发展应该是多元的、全方面的,绝不仅仅是为了考核。不能因为一味地追求考核指标提升而忽视办案效果,更不能以牺牲办案效果为代价去追求指标的绝对值。把握整体推进与重点突破的关系。检察工作整体发展水平并不取决于长板强项,而是取决于短板弱项。要对各项工作有清晰的认知,准确了解其特色特点、问题不足和发展空间,分业务、分部门精准施策、定向突破。把握宽和严的关系。充分考虑具体个案的特殊情况和社会公众的心理感受,依法当宽则宽、该严则严。轻罪不是一味从宽,有些轻罪有从重处罚的情节,也要从严处理;重罪突出"严"的同时,对有从宽情节的或从犯、胁从犯，也要依法从宽，体现区别对待。

（四）树立系统思维

系统思维强调运用全局、整体和战略的眼光观察问题、分析问题和解决问题，站位全局谋发展，跳出检察看检察，更加注重工作的系统性、整体性和协同性。统筹好服务保障经济社会发展与检察工作自身发展的关系。较之于经济社会发展大系统而言，检察工作是其中的一个小系统，不仅要抓业务、促提升，履行好宪法法律赋予的法律监督职责，更要积极能动服务保障经济社会高质量发展。统筹好政治与业务融合发展。“每一种法治形态背后都有一套政治理论，每一种法治模式当中都有一种政治逻辑，每一条法治道路底下都有一种政治立场。”①检察业务连着政治、事关大局，工作中出现的问题最终都能归结到政治方面。要毫不动摇地把党的政治建设摆在首位，始终坚持“从政治上看”，全力抓党建、带队伍、促业务，推动政治建设和业务建设融为一体，实现讲政治与抓业务有机统一。统筹好综合工作与业务工作齐头并进。没有离开综合的业务，也没有离开业务的综合。要定期对综合工作和业务工作进行全面分析，既要发挥综合工作服务业务的助推作用，也要引导业务工作为信息文稿等综合工作提供源头活水，确保业务工作和综合工作同频共振、互促共进。

（五）树立底线思维

实现检察工作现代化必须把困难估计得更充分，把风险思考得更深入。坚决守住案件质量底线。严格依法依规、依程序办案，坚决杜绝冤错案件的发生，对错案、瑕疵案要依照相关规定进行追责惩戒。坚决守好办案安全底线。要增强办案的敏锐性，坚持防范为先、未雨绸缪，用大概率思维应对小概率事件，对每一起案件都要认真进行风险评估，尤其是重大敏感、信访案件，要准确研判、快速处置，切实解决好苗头性、倾向性问题，从而化危为机。坚决守好纪律作风底线。在“底线”的基础上用权、谋事，立场坚定、思想清醒，做政治上的“明白人”“老实人”；要厉行法治、敬畏法纪，不越边界、不踩红线、不碰高压线；要大节不亏、小节不纵，常常自省自警，切实守牢自身的底线边界。

二、推动监督方式交叉融合，实现检察效能的现代化

检察机关法律监督不同于党委、纪委、政法委自上而下的监督，也不同于人大监督、民主监督、行政监督、群众监督、舆论监督等“由外向内”的监督。检察机关法律监督是参与、跟进、融入式的监督，必须要顺应大势、改进方式，主动作为、能动司法，积极探索以融入式、协作式、溯源式、互动式、接续式检察履职，为全面推进中国式现代化提供更强助力、更优服务。

---

① 参见中共中央宣传部、中央全面依法治国委员会办公室：《习近平法治思想学习纲要》，人民出版社、学习出版社2021年版，第38页。

(一)坚持融入式履职

国家治理作为一个涉及经济、政治、文化等多维多向的复杂系统,系统性、整体性、协同性是其现代化的发展趋向。法律监督作为国家治理整体结构中的关键一环,要自觉把检察工作放在中国式现代化建设大局中谋划和推进,放在中央、省委、市委重大战略部署中把握和考量,特别是在维护国家政治安全和社会大局稳定、促进优化法治化营商环境、助推乡村振兴、防范化解重大金融风险、服务创新驱动发展、加强生态环境司法保护等方面,要积极对接司法需求,立足职能选准抓手,及时调整工作重心,完善服务保障措施,提升检察贡献度。

(二)坚持协作式履职

进入新时代,检察机关所履行的法律监督职能、所办理的各类案件,早已不再是"自家事",而是关系方方面面的"大家事"。要紧紧依靠党的领导开展监督,与其他执法司法机关形成良性、互动、积极的工作关系,善于用系统观念分析、解决问题,助力执法司法协同高效。特别是未成年人保护、知识产权保护等方面,涉及多个责任主体。因此,必须坚决摒弃单一、单项、单独的思维窠臼,深入贯彻落实《中共中央关于加强新时代检察机关法律监督工作的意见》,强化检察机关与侦查机关、审判机关以及其他执法司法机关的支持配合机制,凝聚各方合力,共同把党的法治事业建设好,把人民的根本利益维护好,从而实现"双赢多赢共赢"。

(三)坚持溯源式履职

新时代,人民群众对民主、法治、公平、正义、安全、环境等方面有了更高水平、更丰富内涵的新需求。对检察机关而言,要秉持双赢多赢共赢的法律监督理念,将检察履职自觉融入国家治理和社会治理,以"我管"促"都管",推动解决人民群众"急难愁盼"、执法司法"病灶顽疾"和社会治理堵点难点。一方面,严把法律适用关,深入落实认罪认罚从宽等制度,深化羁押必要性审查,从源头减少矛盾纠纷。另一方面,对于个案、类案背后的深层次问题,深入分析、追根溯源,自觉、主动融入国家治理,积极制发检察建议,参与社会治理,促进少发生案件、不发生案件,让老百姓减少、避免涉案诉讼,充分彰显中国共产党的领导、中国特色社会主义制度的最大优势。

(四)坚持互动式履职

全过程人民民主是最广泛、最真实、最管用的社会主义民主,作为党绝对领导下的法律监督机关,检察机关要把人民当家做主具体地、现实地落实到检察工作各个方面和监督办案的每一个环节,善于借智借力,在公开透明、良性互动中践行全过程人民民主。做好代表委员联络工作,精准掌握代表委员诉求、回应代表委员关切,以务求实效的精神办理每一件议案、提案、建议。深化检察公开听证,在聚光灯下开门办案,邀请代表委员、人民监督员以及社会各界人士广泛参与办案活动,让当事人在看得见、听得懂、感受得到的程序中解开"法结、心结",确保公平正义经得起围观质疑、经得起检验。深化检务公开,落实重大案件信息发布制度，优化案件程序性信息查询方式，丰富检察开放日活动，让检察服务“触手可及”。建好用好检察智库，借助专家学者、特约检察官助理研究论证重大业务决策和参与专业案件办理，不断提升法律监督工作水平。

（五）坚持接续式履职

《中共中央关于加强新时代检察机关法律监督工作的意见》中明确提出“以高度的政治自觉依法履行刑事、民事、行政和公益诉讼等检察职能”，全面推进和融合发展“四大检察”“十大业务”工作格局势在必行。着力打造“上下统一、横向协作、内部整合、总体统筹”的接续式履职模式，使检察机关成为一个有机共同体，增强法律监督的客观性、公正性。最高人民检察院（以下简称最高检）专门制发了《人民检察院内部移送法律监督线索工作规定》，各部门都应敏于其他检察业务问题线索，要及时移送相关业务部门依法办理。一些重大、疑难复杂案件，下级检察机关难以把握或者监督存在困难，应及时请示报告，由上级检察机关接续监督。另外，司法责任制改革赋予了员额检察官独立办案的权力，但是业务部门负责人、检察长、检察委员会也应该落实监督管理、审核把关责任，做实“放权不放任”。

三、推动监督机制创先创优，实现检察权运行的现代化

“制之以衡，行之有度。”国家治理水平取决于制度供给能力，在推进法治中国建设中，法律监督亦是如此。党的二十大报告明确提出，“深化司法体制综合配套改革，全面准确落实司法责任制，加快建设公正高效权威的社会主义司法制度”。监督机制的现代化是检察监督体系监督能力现代化建设的重要保障。检察机关要认真学习领会党中央的新要求新部署，结合检察实际深化落实，进一步推进法律监督机制改革创新，实现检察权运行现代化。

（一）健全上下一体化监督指导机制，增强检察系统凝聚力、战斗力

法律监督工作情况复杂、任务艰巨，必须充分发挥检察机关上下一体化的优势，整合各方资源，才能有效维护法律的尊严和权威。要强化上级检察院指导、督导力度，根据案件需要和办案规律特点，通过跨层级、跨部门、跨地区的联合办案模式，采取参办、领办、督办、交办、指定管辖等方式，切实解决办案困难，排除办案阻力干扰，形成上下指挥有力、贯通衔接一体、机动灵活高效的检察一体化工作格局。要健全案件备案实质化审查机制，对于无罪、不起诉、不批准逮捕，职务犯罪减刑、假释、暂予监外执行等重点案件，做到应备必备、有备必审、有错必纠，及时发现纠正下级检察院监督办案中存在的问题。要打破地区和部门限制，统一调用人员力量、业务资源和装备资源，解决力量不足、权威性不够、专业性不强等问题，提高法律监督效能。要完善上下级权力清单，规范检察领导体制运行模式，落实司法责任制，建立和完善检务督察和责任追究机制，理顺检察一体化与检察官相对独立办案的关系。

（二）健全内部衔接配合机制，实现履职相互配合、优势互补

“四大检察”“十大业务”虽各有所专，但是没有绝对的壁垒，实际上是你中有我、我中有你的格局，有的刑事案件可能暗藏刑事执行和公益诉讼的线索，有的公益诉讼案件可能会有民事、刑事的线索。知识产权、金融、食药等案件，很多都要采用刑事检察、民事检察、行政检察、公益诉讼检察“三合一”或“四合一”的办案模式。因此，检察系统内部衔接要更加紧密，不能单兵作战，而要通过制定完善线索移送、案件会商、信息共享等工作制度，探索融合式的办案模式，打破部门壁垒、职能界限，集中优势资源做强法律监督。

（三）健全外部沟通协作机制，提升法律监督的针对性、专业性

党的二十大报告提出，要健全公安机关、检察机关、审判机关、司法行政机关各司其职、相互配合、相互制约的体制机制。检察机关法律监督的范围逐渐拓展，专业性也越来越强，必须紧紧依靠党委领导，凝聚各方合力。用好常态化联络工作机制，通过检察长列席审委会、侦查监督与协作配合办公室等，及时就存在的分歧问题共同探讨研究，解决好工作衔接中的不顺畅问题，共同维护司法权威和法治形象。强化业务协同，通过开展同堂培训、构建业务研讨机制等凝聚共识，加强对新出台法律、司法解释的学习研讨，在法律适用上形成良性互动，统一办案尺度和标准，推动公检法共同补短板、强弱项、解难题。加强对外协作，解决与行政机关双向衔接中案件移送规则、信息共享、证据标准等实体和程序问题，做好反向行政处罚衔接，完善执法司法梯次衔接，消除执法漏洞，推动社会治理现代化建设。

四、推动内部管理科学规范，实现检察机关运转的现代化

科学管理追求从诸种复杂要素中，通过发挥每个人最高的效率，实现最大的富裕，以最高的产量，取代有限的产量，不单纯追求个别要素，不单凭经验的方法，不夸大强调个人主义，是推动高质量发展的基础性工作和有效保障手段。检察机关要通过规范、统一的管理，实现检察资源配置最优化，以强有力的内部管理促进外部法律监督提质增效，促进检察人员自觉、能动、创新履职，实现检察机关运转现代化，最终提升检察机关的整体办案水平。

（一）注重全域管理

抓全面，紧扣上级院工作目标，补齐短板弱项，打造特色品牌，全面提升业务质效。抓全程，构建工作闭环机制，有思路举措、有推进措施、有检查反馈、有总结提升，每一个环节都要抓实、抓细，做到首办有责、过手负责。抓全时，延伸管理视线，把干警的工作圈、生活圈衔接起来，把“八小时之内”和“八小时之外”贯通起来，做到全方位、全时段监管。抓全员，检察机关人员身份多，有检察官、检察官助理、司法行政人员、事业人员、书记员、聘用人员，包括离退休人员等，都要纳入管理范围，严格要求。

（二）注重细节管理

天下大事必作于细，细节里往往隐藏着隐患。当前检察办案中存在实体、程序、引用法律条文有误等问题，一些法律文书出现错别字、漏项、错项甚至空白文书，这些问题看似不大，却关系检察机关的整体形象和司法公信力。必须下大气力解决这些问题，认真对待每一次接待、每一个案件、每一次监督，使各项工作真正经得起实践的检验、群众的评判。

（三）注重落实管理

最高检、省院对检察工作现代化作了全面部署，提出明确要求，关键是抓好落实。突出“快”，早谋划、早安排、早启动，明确时间进度，明确工作措施。突出“深”，深入思考为什么做，想达到什么效果，面临哪些困难，借助哪些力量，从而研究具体办法，提升落实针对性和有效性。突出“新”，工作任务会随着社会形势变化而变化，必须及时更新思维，学会运用新视角、新思路分析问题，用新方法和新举措解决问题。

（四）注重标准管理

标准管理就是对管理事项、工作事项等都制定出标准，按照制定出来的标准去做，目的是提升管理水平，提高工作质效。每一项检察工作都要制定相应标准，特别是要适应检察工作现代化的要求，标准一定要高。取乎其上，得乎其中；取乎其中，得乎其下。“四大检察”“十大业务”，包括党建、队建等，都要注重“取乎其上”，抬高工作标杆，朝着“求极致”的方向努力，立足更高标准推动内涵式发展、高质量发展。

（五）注重流程管理

按程序办事，按程序节点办事，是非常有效的管理方法。检察机关内部要想顺畅运转，每个干警都要有自己的定位，每项工作都要有成熟的处理方式，把好的工作方法转化为固定的工作流程，制定流程图，以流程化的成熟管理体系提升管理水平。同时还要注意及时优化流程，不能形成路径依赖，要根据形势和任务的变化，不断优化和完善工作流程，使机关运转更加便捷、科学、规范、合理。

（六）注重制度管理

强化制度引领，谋划一批管方向、管长远的制度性举措，用科学的制度管人、管事、管钱、管物，夯实管理基础。规范检察权运行，防范化解风险隐患。狠抓制度执行，加大督察力度，及时发现和纠正偏离制度的苗头性、倾向性问题，对破坏制度的人、违反制度的行为及时处置，毫不含糊，避免形成“破窗”效应。

（七）注重责任管理

强化责任意识，切实扛起党和人民赋予的政治责任、法治责任、检察责任。各级院党组要发挥总揽全局、协调各方的领导核心地位，把方向、管大局、保落实。各部门要找准职责定位，办公室要保障机关的高效正常运转，案管要真正发挥好业务枢纽的作用，检务督察要发挥好内部监督的作用等。部门内部也要进一步细化分解责任，明确每个岗位、每个干警所对应的位置、责任和工作要求，做到事有专管之人、人有明确之责、责有限定之期。

（八）注重分流管理

检察工作事务繁杂，经常面临人少事多的矛盾，要特别注重分流管理，提高工作效率。案件分流，健全繁简分流机制，简案快办、繁案精办，节约司法资源。事务分流，按照轻重缓急进行分类，做到井然有序，忙而不乱。时间分流，掌握“二八原则”，80%时间在重要工作和疑难复杂案件上，20%时间在一般事情和案件上，不平均用力。人员分流，要知人善任，善于运用分权、分责等办法调动积极性。

五、推动监督能力优化提升，实现检察人员素能的现代化

人才是第一资源，是强国强检的根本。人的现代化是现代化的本质，是社会现代化进程的出发点和落脚点，现代化不仅化“物”，更要化“人”。党的二十大报告提出，培养造就大批德才兼备的高素质人才，是国家和民族长远发展大计。检察机关要履行好法律监督职责，回应群众期待，必然要求一支信念坚定、执法为民、敢于担当、清正廉洁的过硬检察队伍，革命化、正规化、专业化、职业化建设是必由之路。

（一）强化政治能力建设

坚持党管人才，把培养检察人才一切工作“从政治上看”的思想自觉作为第一任务。检察机关是业务性极强的政治机关，习近平总书记强调，“在干部干好工作所需的各种能力中，政治能力是第一位的”。[①] 提高政治敏锐度。注重开阔视野，有意识地将自己放入党和国家大局之中，注重把国家大政方针与本职工作融会贯通，更好指导开展检察工作。提高政治辨识度。深刻理解检察机关首先是政治机关，从来就没有单纯的法律问题，每一项检察业务都连着政治、关系大局，要在办案中真正把“三个效果”有机统一起来，避免机械司法、教条司法。提高政治把控度。做实一切检察工作“从政治上看”，每一件事、每一起案件都要把控好、把控稳、把控准，做到防风险、保安全、保民生、护发展、护稳定。提高政治认可度。树立“在办案中监督、在监督中办案”、“双赢多赢共赢”等理念，充分运用政治智慧争取党政领导、上级机关、人民群众等认可。提升政治成熟度。把政治成熟作为最重要的成熟标准，不断提高政治判断力、政治领悟力、政治执行力。

（二）注重专业素能提升

专业化是实现检察队伍现代化的必由之路。检察机关也是政治性极强的业务机关，必须牢固树立业务立身、业务立院的理念。以“关键少数”为引领。检察工作高质量发展，领导干部是关键。要加强领导干部能力建设，抓实入额院领导办案、院领导包案办理首次信访等工作。充分发挥领导干部业务强、经验广的优势，多接“烫手的山芋”，多办疑

① 任仲文编：《新时代党员干部要提高七种能力》，人民日报出版社2020年版，第1页。

难复杂案件，多化解信访积案，着力培养一批明星检察长，以“关键少数”引领“绝大多数”。以高素能人才为支撑。健全人才培养机制，着眼做党的事业坚定拥护践行者、案件的综合研判者、能动司法者、优秀案例的培育者、类案规则指引的提炼者、先进法治理念的引领者、办案风险的防范者等七个目标，大力开展教育培训、业务竞赛、实战练兵、检校共建，加大明星办案团队和明星办案检察官选树力度，积极参与省级和全国性的高层次专业培训、高水平学术交流，着力培养领军型人才、专家型人才、复合型人才、紧缺型人才。以青年干警为根基。青年干警关系到检察事业发展后劲，要定期召开专题研讨会、读书交流会，通过办案锤炼、挂职锻炼，给年轻干警“下任务”“压担子”，加快培养一批“智慧型、钻研型、素能型”和“眼界宽、思路宽、视野宽、思维宽、理念宽、心胸宽”青年检察干警。

（三）做实数字检察支撑

党的二十大报告对加快建设网络强国、数字中国提出明确要求。数字检察是全面依法治国建设的重要着力点，是未来检察工作的重要模式，也是新征程上检察工作战略转型的重点任务。思维理念上讲究“新”，牢固树立数字意识和大数据思维，善于思考、勇于创新，探索实践法律监督工作新路径。战略谋划讲究“高”，坚持高点起步、高标建设、高效推进。项目选择讲究“精”，以监督办案需求导向，通过小切口做大文章，开发大数据法律监督模型；工作导向讲究“用”，注重实战性，完善推广强制报告、非羁押人员云监督管理智能等系统，促进法律监督与社会治理深度融合。

法学专论

关于刑事证据制度完善的几点思考

何邦武　倪雪婧*

摘要:1979 年以来的证据法学研究,以"证据""证明"二分的知识表达格局为主流。该知识体系划分的本意是使有关证据的知识简单明了,但结果却有违初衷——证据仅为证明的手段或方法,证据法学研究被错误地描述为从证据到证明的发展逻辑。以史为鉴,从清末至民国时期证据法学的"原初话语"中汲取向现代法律知识体系回归的知识和经验,可以为当下重构证据知识体系,确立"自由心证"制度寻到历史支撑点。在证据规则完善方面,通过对《刑事诉讼法》关于证人出庭条款中的"没有必要""有正当理由"进行"创制性解释"、确立证人特免权为辅助保障"自由心证"制度的实现。此外,建议将"电子数据"改为"数字证据"以纾解目前与大数据相关证据审查认定难的问题。

关键词:证据知识体系　自由心证　作证特免权　数字证据

庭审实质化是推进以审判为中心的诉讼制度改革的重要路径,有助于促进案件事实的认定。然而,有学者对地方法院的庭审实质化改革实证研究表明,庭审实质化改革试点虽然较为显著地提升了证人出庭率,但是证人出庭作证的效果并不理想,法庭审判实质上依然处于一种虚化状态。"法官对口头证言的认证主要采用印证方式,或者与其他书面证言对比印证,或者与其他证据进行关联印证。在这种认证方式下,口头证言缺乏独立的证明价值,证人出庭与否对认证结果的影响不大。"①除去制度因素外,这一现象暴

---

* 何邦武,南京航空航天大学人文与社会科学学院教授;倪雪婧,南京审计大学法学院硕士研究生。本文系国家社科规划课题"网络刑事电子数据算法取证规则研究(20BFX095)"阶段性成果。

① 左卫民:《刑事诉讼的中国图景》,生活·读书·新知三联书店 2010 年版,第 103 页。

露出的问题是支撑当下证据法学的知识体系存有缺憾,以及作为现代证据法核心的自由心证制度尚未在我国正式确立。有鉴于此,本文拟以反思性视角探索近代证据法学知识体系逻辑演进与内在理路,提出确立自由心证制度及几点完善建议,以促进庭审重心回落审判阶段。

一、重构刑事证据知识体系

1989 年,以裴苍龄教授出版的《证据法学新论》为标志,我国法学知识体系开始形成"证据"与"证明"二分的知识表达格局,成为主流。证据与证明二分的知识体系是在实质证据观确立后形成的。实质证据观是指从实质上理解和把握证据,即把客观存在的或者客观上已经发生过的,同待证事实相关联的事实视为证据。由此出发,可以将证据学划分为证据与证明的二重世界:一为客观世界;二为主观世界。以此为基础,可使证据学远离唯心主义且建基于辩证唯物主义之上,并获得自身发展最正确的方向。该知识体系划分的本意是使有关证据的知识简单明了,但结果却有违初衷,"证据"与"证明"被人为地割裂开来。① 一方面,在有关证据的研究中,证据被置于证明活动之外,成了一种纯客观的、静态的、已经确定无疑的东西,忽视了证明活动中证据的主观性、动态性、多变性。罔顾证据仅为证明的手段或方法,错误地将证据法学研究描述为从证据到证明的发展逻辑。另一方面,在有关证明的研究中,证明成了单纯的分析、归纳、推理、判断活动,忽视了证明活动受制于诉讼法定程序的典型特征,诉讼证明几乎被等同于纯粹的认识活动而失去其规范属性。②

这种知识体系下,证据法理论话语来源众多但彼此杂糅、互不兼容。既有来自苏联的一套学术话语,如证据种类;也有来自大陆法系的一套学术话语,如证据能力、证明力、主观证明责任与客观证明责任、内心确信等;还有来自英美法系的一套学术话语,如关联性(相关性)、可采性、证据分量、举证责任与说服责任、排除合理怀疑等。③ 此外,还有本土自创的学术话语,如"定案根据""印证"等。这些学术话语不仅广泛存在于理论研究中,也常常在一部规范性文件中被同时使用。源自不同传统的规范、术语彼此杂糅,使证据法的规范、术语往往呈现出某种混搭风格。另外,由"证据"到"证明"的发展逻辑让国内学者囿于对"证据属性"的争论,而无法达成共识性的理论体系,证据法的一些基本范畴无法得到有效清理和阐释。在以"证据—证明"为体例编写的 72 部证据法学教材中,存在 20 种证据法学理论体系。④ 1979 年以来的证据法学研究,虽然有对两大法系证据法学理论的借鉴,但由于迄今为止主流学界对前述所谓"革命性变革"的证据法学知识体系

① 参见何邦武:《近代证据法学知识系谱研究:意旨、方法与进路》,载《求索》2015 年第 2 期。

② 参见裴苍龄:《证据学的大革命——再论实质证据观》,载《法律科学(西北政法大学学报)》2010 年第 3 期。

③ 参见吴洪淇:《证据法体系化的法理阐释》,载《法学研究》2019 年第 5 期。

④ 参见王超:《中国刑事证据法学研究的回顾与转型升级》,载《法学评论》2019 年第 3 期。

的肯认,新知识的加入并没有催生证据法学知识体系质的变化,因而只在既有传统内的而非突破性的知识转型,证据法学研究仍在回归途中艰难跋涉。因此,反思当下证据法学的研究方法,探索构建新的证据法学基础理论,重构证据法学知识体系,是研究者必须面对的课题。

回顾近代初步形成的法律知识谱系,概念演绎、话语表达、法律逻辑运用等知识本身,已成为中国法律现代化的"元叙事"。另外,这种"元叙事"地位的获得,还与其根柢的纯正有极大的关系。中国法治与西方法治是两个既有联系又有区别的范畴,在各自的历史进程和地域文化中发展起来,既有不同特质,又相互联系。其中,从域外留学归来的不少留学人员师从当时法学名家,或者如吴经熊、杨兆龙等法律学人等,与当时的名家直接交流对话,使国内的法学研究得以迅捷进入较高的学术交流平台。他们既亲沐了近代法治文明,又极注重会通中西基础上的"本土化"。上述赓续的内在逻辑使其对当下中国证据法学知识体系的构建具有应然的话语权,具有"故为今用"的该当性。因此,有必要以历史研究方法,对近代中国法律移植起始时期相关证据法学历史资料爬梳,进行知识的寻绎,即研究、整理近代证据法学的理论演进、制度嬗变及实践表达,追寻汉语世界证据法学知识的"元叙事"。研究者应以史为鉴,为当下的证据法学研究寻求来自历史的支撑原点,以解决证据规范欠缺体系性,理论话语来源复杂、彼此杂糅等现实困境,实现对知识体系的重构。

二、确立"自由心证"制度

人类历史上自古至今出现过的主要证据制度有三种:神示证据制度、法定证据制度及自由心证证据制度。到现代,神示证据制度已彻底消亡,法定证据制度和自由心证证据制度是当前存在于不同国家的两种基本对立的法律制度。法定证据制度企图将审查判断证据的权力统一收归于立法者,对证据资格、证明力及其大小以及案件事实的审查认定权力尽可能通过法律规范作出规定,压缩甚至剥夺法官的裁量权,以达到统一司法的目的,使司法更好地服务于统治者。自由心证证据制度作为法定证据制度的反面,是将证据审查判断权力回归于案件裁判者,认为在事实认定层面上应当最小化对法官的约束,以发挥裁判者的主观能动性,使他们灵活判断具体情形下的案件事实,以实现事实的准确认定,从而达到案件处理的实质公正。远在古罗马时,就有裁判官自由判断证据的规定和实践,当时的自由心证主要体现在对证据、证人的判断上。现代意义上的自由心证则是拜文艺复兴和启蒙运动之赐,以理性主义、人文主义代替古代的自然主义和中世纪的神学主义,系统地提出民主、自由、平等、人权、法治等理论以后,作为现代法治文明逐渐昌明时的产物。就证据制度自身演绎的逻辑来看,这一证据制度的出现还是对中世纪法定证据制度的反动,也因此成为司法文明的重要标尺。虽然作为一种概念和术语的自由心证只出现在大陆法系国家,但作为一种现代证明制度和理念,自由心证具有超越法系的普适性意义。

我国证据制度的模式定位长期徘徊在法定证据制度与自由心证证据制度之间。在学术研究中，近年影响较大并能体现法治中国话语的一个概念是"印证证明"论。该理论承认这一证明模式属于自由心证制度下的一种具体形态，但强调其与典型的自由心证证据制度的区别或其特色就在于这一模式注重证据之间的相互印证。尽管融合了"心证"因素，但印证证明理论仍过于强调并追求证明标准的客观化与具体化，否定事实认定的主观性与裁判者的主体性。这一模式的主要特征包括强调证据之间的相互印证、孤证不定案，以及对案件事实的证明需超越主体"心证"或内心确信，而需达到更高的证明标准。在现在的司法环境下，印证模式有可取之处。首先，印证模式可以限制裁决者在认定案情事实的时候不得随意裁量。其次，印证模式在裁判者水平不高的情况下相对易操作。最后，印证模式能够简化证明程序，让审查的时间缩短，从而使办案效率得到提升。然而，司法人员习惯性地从证明标准的层面去强调印证规则的作用，忽略了运用印证规则审查判断单个证据的证明力问题。同时，司法实践过于强调证据相互印证，在运用的过程中出现简单化、机械化的倾向。一味追求形式上的印证，忽略心证的功能，对刑事证明产生了负面的影响，有人甚至评价印证是造成冤假错案的根源。例如，"聂树斌案"中，聂树斌被判有罪主要是因为两个印证："口供与勘验检测笔录像印证、口供与证人证言相印证。"这两组能够相互印证的证据，直接就让聂树斌案迟迟未能再审。以这类具备或然性的经验法则树立普适性指引，将致使司法实际堕入僵化，事实上也不能得到实质真实。伴随以审判为中心的诉讼制度改革，以及庭审证明实质化，应让法官的裁判方式回归自由心证，并通过弱化对证明力规则的信赖，强调辩护权的行使和保障，强化裁判文书的公开和说理等制度改革以实现法官的自由心证。

三、完善刑事证据规则

（一）证人出庭制度的改革

在刑事诉讼中强制证人出庭作证，既有利于发现案件真实，实现刑事诉讼的实体价值，也有利于保障被告的质证权（包括对质与询问两项权利），实现刑事诉讼的程序价值。最高人民法院在《关于全面推进以审判为中心的刑事诉讼制度改革的实施意见》中也提出，要依法保障控辩双方的质证权，这意味着我国的刑事司法已存在对质证权保护之理念。但是，在司法实践中质证权由于刑事证人出庭率低而无法获得实质意义上的保障。虽然学界和实务界对此进行了多年的探讨与摸索，但刑事证人出庭率低这一"老大难病症"却仍旧不见起色。原因在于受制于既有的刑事司法体制，且书面证言如何限制使用尚未明确，实践中极易导致《刑事诉讼法》第 192 条与第 193 条强制作证例外适用对象的扩张，从而使强制证人出庭作证规则本身虚置，并颠覆该规则所欲达到的目的，进而使学者和专家们提出的针对证人作证制度的各项改进措施仿佛始终在"隔靴搔痒"，发挥不了理想中的功效。因此,有必要依循既有的司法解释进路,在规范性语句和刑事传闻规则法理的双重约束下,对《刑事诉讼法》第 192 条的"没有必要"与第 193 条"有正当理由"进行"创制性解释"。根据庭外陈述的"可信性"能否得到保证以及出庭作证的"客观障碍"存在与否等,设置我国强制证人出庭作证的例外,以规范"没有必要"及"有正当理由"的适用。[①] 具体如下:

1. 关于"没有必要"的例外。"没有必要"出庭的范围应仅限于公诉人、当事人或者辩护人、诉讼代理人对证人证言没有异议,且对案件定罪量刑无重大影响的证人证言。但这样的例外范围显然过于狭小,因此,应在立足该条语义的基础上,结合传闻证据例外的必要性和可信性原理,对"没有必要"的例外情形作扩张解释,确立以下几种情形的例外。

其一,控辩双方同意使用庭外陈述时,证人无须出庭作证。其二,证人、被害人陈述是在意识到自己即将死亡时作出的陈述。这里仅限于此人后来没有死亡的情形,如其后来死亡,应属于"正当理由"的例外。其三,陈述者于事发当场有关其感觉、印象的即时陈述,即陈述者察觉事件或情况之时、或之后立即作出的,描述或解释该事件或情况的陈述。其四,激奋状态下脱口而出而来不及细想的陈述,即在某一惊人事件或情况引起陈述者激奋难抑时作出的、关于此事件或情况的陈述。其五,当时存在的精神、感情或身体状况的陈述。本项陈述系陈述者关于当时的心理、感情、感觉或身体状况(如意图、计划、动机、构想、精神感受、疼痛以及身体健康)的陈述。其六,出于医疗诊断或治疗目的而作的陈述。本项例外系借鉴美国《联邦证据规则》中的相关规定,即缘于医疗诊断或治疗目的需要而作出的、描述医疗史;或者过去或现在的症状、疼痛或者感觉;或者病因或外界的病源的初始症状及一般症状的陈述,但限于依照情理与诊断或治疗有关的范围内。其七,已被记录的关于某项事件的回忆。这是因为当目睹事件发生者对事件的发生记忆犹新时,他对事件所作的记录比当庭作证还要准确。其八,证人、被害人不利于己的庭外陈述。其九,先前其他程序中的陈述。在另一相同或不同诉讼程序的听证中作为证人所提供的"证言",或者在同一或另一诉讼程序中遵照法律作证所提供的"证言"。其十,关于个人或家庭的历史的庭外陈述。

2. 关于"有正当理由"的例外。构建我国《刑事诉讼法》第 193 条"有正当理由"的例外,可借鉴传闻规则"必要性"原理,确立"有正当理由"例外的基本适用条件:第一,由于存在客观的现实障碍,无法对原始人证进行对质询问;第二,无法找到具有同等证明价值的其他证据资料代替,因而不得不使用庭外陈述。结合其他国家关于必要性例外的规定,可将我国"有正当理由"的例外界定为:(1)证人、被害人死亡或患有严重疾病,无法出庭作证;(2)证人、被害人因路途遥远或现居国外,无法到庭作证;(3)证人、被害人下落不

① 参见何邦武:《证人出庭作证例外的裁量性标准问题探析——基于修订后〈刑事诉讼法〉第 187 条、第 188 条的分析》,载《政治与法律》2013 年第 5 期。

明，经过努力仍未能找到。

此外，还应借鉴美国《联邦证据规则》中“一网打尽”即“其他例外”规则，对虽然不符合上述条件，但经过审慎审查，确实符合“没有必要”及“有正当理由”的情形，由法官作出裁量，准予不出庭作证，但应严格限制。对此，美国《联邦证据规则》关于此项例外的适用条件颇具启发意义。该规则第807条规定，法庭在依照传闻规则的例外裁定适用某项证据时，应当确保：第一，该陈述是作为一项重要的事实证据而提供的；第二，该陈述在所证明的问题上，比建议者通过合理努力能获得的证据具有更强的证明力；第三，如果将该陈述作为证据采纳，则本证据规则总的宗旨和司法公正将得到最佳效果。但是，除非建议者为了向对方当事人提供一个公平的机会准备面对该陈述，而在审理或听证前足够早的时间内通知对方当事人知悉，通知的内容是指提供该陈述的意图、陈述的细节，另包括陈述者的姓名与地址在内，否则，不得根据这一例外规则采纳该陈述。

（二）确立证人作证特免权

证人特免权（privilege of witness），又称拒绝作证权，是指公民在法定情况下可以拒绝充当证人或拒绝对某些问题进行陈述的权利。它是法律为保护特定的社会关系及证人的特殊利益，在特定条件下赋予证人的一项权利。目前，我国立法上没有确立证人特免权规则。就我国刑事诉讼而言，在公安侦查阶段似乎谁都没有特权，人人不敢抗拒；在法院审理阶段，鲜见证人出庭作证，又仿佛每个证人都享有了拒绝出庭、拒绝提供证言的特权。

1949年以前的中国，无论是刑事诉讼法还是民事诉讼法，都规定有若干证人拒绝证言权的情形及配套制度安排。1979年以来，就法律规范的表现形式而言，我国三大诉讼法和相关证据司法解释都没有关于证人特免权的明确规定。就证人特免权规则的实质内容而言，我国实际上也没有建立证人特免权规则。在个人特免权方面，我国目前尚未确立反对自我归罪的特免权。无论法律的表述如何解释，我们也无法得出被告人、证人有拒绝向法庭作证的权利。在司法实践中，绝大多数案件的被告人乃是法庭上唯一真正出庭作证的证人。在婚姻特免权方面，“亲亲得相首匿”的法律原则也随着帝制的结束而成为历史。在职业特免权方面，记者特免权尚未获得承认，其他职业特免权也还没有法律地位。至于公共特免权中的国家秘密，实际上也不属于特免权的范畴。任何人不得以国家秘密为由拒绝提供证据，只不过涉及国家秘密的证据司法官员必须保密。我国也不存在线人特免权，因为线人特免权属于线人所有，但我国法律并未赋予向司法机关提供线索的人员阻止司法人员披露其秘密提供的信息的权利。我国唯一与英美法上特免权规则具有类似效果的制度可能就是律师执业纪律规范。但是，该规范与英美法上的证人特免权规则还是存在比较大的区别。

证人特免权规则在我国建构困难的原因可能在于，中华人民共和国成立初期我国的法学研究基本上是对苏联法学理论的介绍和模仿，政治上缺乏法学理论发展的空间，整个法学研究带有浓厚的政治氛围。苏联法学家安·扬·维辛斯基的《苏维埃法律上的诉讼证据理论》等著作对我国证据法学的理论研究曾经产生过很大的影响。不仅是法学理论研究，当时整个立法、司法，乃至政治、经济、文化等无不照搬照抄苏联模式。具体到证人作证的理论和制度建构，我们也是完全以苏联为准。苏联《刑事诉讼法典》规定了证人作证的基本义务，而对拒绝作证的证人要给予处分。因此，可以这样说，由于苏联并未对证人特免权作出规定，从而导致我们立法上的缺失。①

任何试图以零敲碎打的方式进行法律移植的尝试都有可能事倍功半。特免权规则与其他证据规则的不同在于，其他证据规则需要对英美证据规则作整体的移植，才能够实现全面确立规则的目的与功效，而特免权规则却可以有选择地确立、有基础地移植。因为反对自我归罪的特免权、婚姻家庭特免权均属于体现全人类共同精神价值的制度。证人特免权中的亲属免证权更是体现了对亲属之间伦理亲情的关怀以及对配偶和亲属之间信赖关系的尊重。对于这些特免权，因为其所具有的共同的、永恒不变的人性基础，只要人性不变，强迫一个人提供不利于己、不利于近亲属的证言就是反人性的，也是不得人心的。因此，确立证人特免权，有助于促进形成利益多元的社会格局，提升以人为本的执政理念，以发展人权事业。

（三）修改“电子数据”为“数字证据”

2012 年《刑事诉讼法》对我国的证据制度进行了重要的修改。除在证据概念的界定上，从证据“事实说”转向证据“材料说”外，还对法定的证据种类也进行了扩张，即在保留原七个证据种类的前提下，增加了“电子数据”这一全新形态的证据。由此，长期被归入视听资料，或依赖鉴定意见书、公证书、笔录类证据方才得以进入司法领域的“电子数据”，在经历了多年的遮遮掩掩之后，终于获得了合法的地位。《刑事诉讼法》修正以前，国内学者对电子数据或电子证据的定义就进行了较广泛的研究。例如，何家弘教授认为，电子证据是“以电子形式存在的、用作证据使用的一切材料及其派生物；或者说，借助电子技术或电子设备而形成的一切证据”。② 皮勇教授认为电子证据是“指数字化信息设备中存储、处理、传输、输出的数字化信息形式的证据”。③ 在《刑事诉讼法》修正后，学界关于电子数据概念的代表性观点有：电子数据“指与案件事实有关的网上聊天记录、电子签名、访问记录、电子邮件等电子形式的证据”，④或者是“以电子、光学、磁及类似手段生成、传播、储存的数据信息”，或者是“指电子计算机、移动电话等电子设备所记载的数据资料”。⑤ 从这些定义可以看出，《刑事诉讼法》修正前后，学界关于电子数据的定义并没

---

① 参见王日春：《证人特免权规则研究》，中国政法大学 2011 年博士学位论文。

② 参见何家弘主编、刘品新副主编：《电子证据法研究》，法律出版社 2002 年版，第 5 页。

③ 参见皮勇：《刑事诉讼中的电子证据规则研究》，中国人民公安大学出版社 2005 年版，第 3 页。

④ 参见郎胜：《〈中华人民共和国刑事诉讼法〉修改与适用》，新华出版社 2012 年版，第 113 页。

⑤ 参见陈瑞华：《刑事证据法学》，北京大学出版社 2012 年版，第 110 页。

有太大的分歧,除了要求必须具备相关性外,对电子数据这一证据形态均强调两点:一是以电子形态而存在;二是为电子设备所识别和处理。但上述概念未准确界定电子数据的内涵和外延,导致了电子数据与其他证据种类如视听资料、书证等无法准确区分。上述概念对于电子设备与数据信息二者的关系也未能阐述清楚,究竟电子设备是证据,还是数据信息是证据?

此外,进入大数据时代,利用大数据技术收集、储存、分析得到的相关证据大量出现在庭审中,但难以被"电子数据"这一概念涵摄。尽管有学者提出了"大数据证据"并进行分析,但未对其概念作出具体定义,仅仅只是将"大数据证据"限定为,基于海量电子数据形成的分析结果或报告。① 也有学者指出,大数据证据是运用大数据技术所收集的材料,这些材料的作用是证明案件事实,是融合其他证据种类,如物证、书证、鉴定意见等的综合体,而不是单一的个体。有学者将大数据证据定义为一种复合型证据。② 还有学者对上述大数据证据的概念全面推翻,认为以上的说法没有完全概括出大数据证据的内涵,指出大数据证据的概念具有二元性,即"大数据证据"为数据体量超过了办案人员及其典型数据处理方式管理和分析能力的证据。③ 同时,利用大数据技术和体系生成的证据,是从大数据平台挖掘、分析而形成的,但是生成之后本身并不一定具有"数据体量巨大"这一特性。学术界对大数据证据的概念并没有一致的观点。此外,由于对"电子数据"概念的理解模糊与对载体要求,难以被"电子数据"这一概念涵摄,司法实务人员难以对基于大数据获得的证据进行审查、认定。

刑事电子数据证据概念先后出现视听资料、计算机证据、数字证据、电子数据证据等诸多学说。此类证据概念至少应该包含两个要素:一是证据的本质属性,这是由信息存储方式决定的;二是证据目前或将来的存在形态。根据现有的信息存储方式,可分为模拟数据与数字数据。模拟数据是以连续变化的电磁波或电压表示的,常见的载体如无线电广播、电视、电话,数字数据以 0/1 二进制进行编码存储、输出。如果以证据的载体或表现形式为划分依据会存在定性困难。比如,一段监控视频,第一代是以模拟数据的方式存储,第二代是半数字,第三代是数字监控。进入大数据时代,利用大数据技术收集、储存、分析得到的相关证据大量出现在庭审中。数字化是电子证据的基础,任何电子化的证据均建立于数字化基础之上。这类证据的核心在于数字化了的信息,即原初信息。该信息能否证明案件事实,需要法官进行审查认定。该数字化信息是否需要借助一定的载体予以呈现,以及该载体本身是什么形态,与案件事实无关。司法主体审查判断的核

---

① 参见刘品新:《论大数据证据》,载《环球法律评论》2019 年第 1 期。

② 参见徐惠、李晓东:《大数据证据之证据属性证成研究》,载《中国人民公安大学学报(社会科学版)》2020 年第 1 期。

③ 参见元轶:《大数据证据二元实物证据属性及客观校验标准》,载《山西大学学报(哲学社会科学版)》2021 年第 5 期。

心是数字化信息而非其载体。载体可能会随着科学技术的发展不断推陈出新,但对数字证据不会产生实质性影响。就此而言,以数字证据作为其概念更为合理。若强调“电子”一词,虽可以凸显数据的电子化的特征,但可能会误导事实认定者使数据得以存在的形式或载体发生变化。“数字证据”名称深刻揭示了该类证据的形式与本质,有助于正确认知电子数据证据特征,便于侦查取证、质证、认证,充分发挥该类证据的证明作用,实现案件的公平正义。载体可能会随着科学技术的发展不断推陈出新,但对数字证据不会产生实质性影响。就此而言,以数字证据——digital evidence 为概念更合理。

论牵连犯的结构解析与诉讼路径

张　森*

摘要：牵连犯属于罪数形态中的处断一罪，学界对于牵连关系的模糊界定导致了牵连犯并没有精确的外延。牵连犯的内部结构表现为数个诉讼客体原本各自独立，在诉讼上应该分别进行诉讼，在分别成立相应犯罪的基础上再"处断"为一罪。但由于我国刑法分则对于"牵连犯"的处断规则过于具体，而且作为定罪结论的罪名也发挥着至关重要的作用，导致了罪名与罪实之间出现了背离的现象。对于牵连犯，应该采取较为严格的充分论证进行诉讼展开，从而形成稳定的诉讼路径。亦即在单一的诉讼客体评价之上，再形成评价结论上的整合性要求，并对最后的刑罚量定形成一定的制约性影响。

关键词：牵连犯　牵连关系　诉讼客体　单一诉讼客体

一、牵连犯的内涵与规范表现要览

严格来说，牵连犯并不是我国刑法规范中的标准概念。根据我国刑法学通说的罪数论体系分析方法"三・三"分类法提供的理论体系与结论，牵连犯属于处断一罪中的具体罪数形态；与连续犯、吸收犯共同构成了处断一罪。"牵连"一词，具有明显的舶来色彩。实际上，自犯罪类型化得以确立之后就必然存在犯罪之间的"牵连关系"，但我国传统的刑法理论与司法实践并没有形成系统性的"牵连犯"概念与处断原则。从我国刑法理论发展历史来看，现有的"牵连犯"一词源自德语 Verbrechen Skonkurrenz，经由日本传入我国，它作为一种独立的罪数形态，是从观念竞合蜕变而来的，①是人类法律文化发展到一

---

* 张森，刑法学博士、政治学博士后，南京大学－约翰斯・霍普金斯大学中美文化研究中心副教授，南京大学法学院副教授，南京大学刑事法研究中心主任，江苏省刑法学研究会秘书长。本文系国家社会科学基金项目"诉讼维度中的罪数形态应用研究"（项目编号：18BFX098）的阶段性成果。

① 此处的观念竞合实质是指想象竞合，因为翻译出现的不同表述，德文原文的表述参见 Hans－Heinrich Jescheck & Thomas Weigend, *Lehrbuch des Strafrechts*(*AllgemeinerTeil*), Duncker und Humblot, 2016, p. 787。——笔者注

定程度的产物。[①] 我国的刑法理论之所以采用“牵连犯”一词,则是基于对日本刑法理论与法律制度的继受而成。时人以为日本与中国属“同文同种”,“和文移译,点窜便易成书”,借中日同文之便,易收事半功倍之效。且当时游学日本者众,人才济济,翻译日本书籍蔚然成风。[②] 因此,日本刑法规范与刑法理论中的“牵连犯”就被引入刑法理论与汉语之中,并一直沿用至今。但从牵连犯的发展历程来看,牵连犯概念的外延基本上保持着稳定的状态。

从既有的观点来看,对于牵连犯的概念虽然有着不同的解读,但大致的结构性内容包括两个部分,即本罪与他罪。一般认为,牵连犯是指犯罪的手段行为或结果行为,与目的行为或原因行为分别触犯不同罪名的情况。[③] 与这种单纯强调犯罪之间的客观联系相区别,也有学者认为“牵连犯是指以实施某一犯罪为目的,其犯罪的方法或结果行为又触犯其他罪名的犯罪形态”。[④] 后者认为真正决定犯罪之间牵连关系的并不是犯罪行为在客观上的联系,而主要在于目的之单一性,也就是以实施某一特定犯罪为其终极目的。从表面上看,两种不同观点虽然均强调牵连关系形成于数个犯罪行为之上,具有客观上的联系,但进行深入解读就会发现,上述表述仍然存在较大差异,可以归纳为对于牵连关系形成的原因与内在结构的具体表现上有明显差异。

与日本不同,我国刑法规范并未对“牵连关系”进行宏观上的明确规定。一般认为,《日本刑法》第 54 条第 1 项“一行为而触犯数罪名,或犯一罪而其方法或结果之行为触犯其他罪名的,依最重刑处断”之规定,其前段称为想象竞合,而后段称为牵连犯,两者并称科刑上一罪。[⑤] 这种立法例被借鉴到 1935 年《中华民国刑法》,该法第 55 条之表述与前述日本刑法的表述完全一致;直到 2005 年我国台湾地区“修法”时,才将该条文修改为:“一行为而触犯数罪名者,从一重处断。但不得科以较轻罪名所定最轻本刑以下之刑。”这一修改被解读为“废除牵连犯”,保留想象竞合犯。[⑥] 一般认为,废除牵连犯,解决了其要件不明确所造成的适用疑义;废除牵连犯对于实体法上的影响是可能会扩大行为单数的认定范围。[⑦] 探寻背后的原因,有人将其归结为自 20 世纪后期以来,我国台湾地区“刑法”更多地受到德国刑法的影响,随着观念的逐渐转变,在体系上保持与德国刑法一致的做法也就理所当然。在有刑法规范对牵连关系予以明确规定的前提下,对于牵连犯的适

---

① 参见吴振兴:《罪数形态论》,中国检察出版社 2006 年版,第 60 页。

② 参见黄源盛:《法律继受与近代中国法》,台北,元照出版公司 2017 年版,第 73 页。

③ 参见张明楷:《刑法学》,法律出版社 2021 年版,第 490 页。

④ 顾肖荣:《刑法中的一罪与数罪问题》,学林出版社 1986 年版,第 88 页。

⑤ 参见[日]只木诚:《罪数论之研究》,余振华、蔡孟谦译,台北,新学林出版股份有限公司 2019 年版,第 272 页。

⑥ 参见郑逸哲:《法学三段论法下的刑法与刑法基本句型(一):刑法初探》,作者自版 2015 年版,第 355 页。

⑦ 参见黄惠婷:《牵连犯与连续犯废除后罪数认定之基准》,载《月旦法学教室》总第 39 期(2019 年),第 100 页。

用就是解释论中的问题;我国刑法规范不仅并未对牵连犯有任何涉及,而且对于其他的罪数形态也并未进行总则上的宏观规定,因而牵连犯就成为适用论上的讨论问题。虽然我国刑法并未对牵连关系有任何具体的表述,但上述的学理归纳基本上也都采用了日本刑法规范的叙事方式,成为“不成文”的规范性概念。虽然我国刑法并未对牵连关系有任何具体的描述,但具体的分则规定以及司法解释均对“牵连关系”的具体表现进行了直接规定。采用上述的具体逐一规定方式的做法,并非缺乏系统性与宏观性,而是因为对具体的处断措施也进行了明显的区别对待。

进一步说,我国刑法中的牵连犯并不是一个规范上的概念,但在刑法分则与司法解释中,“隐含”的牵连犯处断原则采取了相对简单的方式,采取了直接对“联系”进行描述后直接规定处断的原则与方法。因为总则中并不存在牵连关系的规定,所以在进行具体适用时并不需要去判断是否存在“目的行为”与“方法行为”、“手段行为”之间的牵连关系,以及区分牵连关系与想象竞合关系,根据法律条文的规定直接进行定罪处断即可。

对牵连犯内在的“牵连关系”解读,实际上在生成机制上存在犯罪构成或者犯罪的逻辑先后关系,将基本犯作为前提,是进行牵连关系构建的基础,才会出现基于基本犯之上的牵连关系。进一步说,刑法规范所设定的犯罪,应该是彼此独立的存在;但在具体实施的时候,会出现关联性。建立在关联性之上的“重合性”判断,才是决定数罪并罚与否的关键所在。从这个意义来说,诸多刑法理论要么完全脱离刑法规范的实际规定,陶醉于进行完美的理论构建;要么对刑法规范与司法实践的做法进行归纳总结,为上述规定作注释。对牵连犯概念的不同理解,并不影响对犯罪行为的判断与对犯罪人的处罚。

综上,可以从两个向度探讨我国刑法中“牵连犯”的具体外延,亦即刑法理论提供的学理标准和刑法分则中的具体规定。但是,无论从哪个向度进行探讨,都不会得出明确的结论。首先,刑法理论所提供的牵连关系并未形成统一性的共识,因而也无法将其同想象竞合犯、吸收犯、结合犯以及事前(后)的不可罚行为明确区分开来。其次,从处断方式来看,由于刑法分则与司法解释对“牵连犯”的处断规定过于驳杂,甚至将数罪并罚方式也包括在其中,所以单纯从处断后的向度上也无法判断适用的对象前提是否为牵连犯。因而,从一开始,在并未明确牵连犯的概念及其外延的前提之下,就存在彻底“废除”牵连犯的主张。①

二、牵连犯:从概念到结构的机能性建构

刑法理论中的牵连犯是特殊犯罪形态,属罪数形态的组成内容。从体系地位来说,罪数形态论前接犯罪构成论,后启刑罚适用论。② 从犯罪构成的行为类型化角度来看,犯

---

① 参见张明楷:《犯罪论原理》,武汉大学出版社1991年版,第444页。

② 参见张淼:《罪数个体标准的反思》,载《河南师范大学学报(哲学社会科学版)》2008年第3期。

罪构成是各方面要素的有机统一体,在构建标准行为类型时虽然无法将其再度进行分层处理,但在具体适用时显然有所差异。主观与客观之间存在的张力,在进行异变的类型化解读时才得到彰显。概念不仅仅是一种现象的描述,而且带有明确的主观色彩。牵连犯的概念界定实际上就包含了对构成要件所处地位的不同理解。

如前文所述,我国刑法中的牵连关系,实际上是从处断方法出发进行了"倒推"式的归纳,从而形成了对前提条件的再建构。同时,由于刑法分则的具体规定包括了定罪与量刑两部分,也由于牵连犯的处罚规定中包括了数罪并罚等多种处断措施,所以无法从处断结果来倒推存在"牵连关系";而且,即便根据法律后果为"从一重"处断的情形,也无法直接得出存在牵连关系,因为想象竞合犯等罪数形态也将"从一重"处断作为处罚的方法。所以,所谓的牵连关系,实际上是在犯罪构成符合性判断之后的进一步关系性判断,实际上形成了全新的"牵连犯"结构。也就是说,在行为复数性与复数行为异质性的基础之外,还要求数行为之间具有"牵连性"。从学界通说对于牵连关系的理解来看,牵连关系应该是主客观要素的统一体:犯罪目的的同一性是牵连关系的主观要素;数行为之间的主从关系则是牵连关系的客观要素。①

在牵连犯的有机性结构之中,构成牵连犯的结构性单元不是犯罪构成要件的具体要素,而是具有相对独立性的"犯罪"。在牵连犯中,无论是目的行为还是手段行为、结果行为,都有其特定含义,不能与通常的犯罪目的(或犯罪动机)或犯罪手段、犯罪结果混为一谈。从内在结构来说,牵连犯的组成要素之间具有本罪与他罪,即目的行为与其他衍生行为之区分。牵连犯的目的行为,是指直接实现行为人的犯罪目的的行为,是本罪;牵连犯的手段行为,则是指为了便利本罪行为的实行而实施的他罪行为;结果行为,是指行为人为了维护或者强化其本罪行为的犯罪目的而实施的他罪行为。具体来说,数行为之间的主从关系与其追求的一个犯罪目的是相互统一的。牵连犯的数个行为是围绕着一个犯罪目的而先后实施,作为主罪的犯罪目的不但支配着本罪行为,而且制约着行为人对他罪行为的选择。而且,行为人所追求的犯罪目的具有同一性和终极性,这是认定牵连关系的主观依据。② 所以,行为人的这种选择不具有主观上的随意性,而是为了实现或维护作为犯罪目的的本罪;亦因此,行为人在本罪上的主观目的性实际上也消除了他罪的"独立"空间。

以我国《刑法》第 171 条第 3 款的规定为例,"伪造货币并出售或者运输伪造的货币的,依照本法第一百七十条的规定定罪从重处罚",学者间对于该规定的解读有所不同,有人认为该规定属于本质一罪的想象竞合犯,也有人认为该规定属于处断一罪的吸收犯,还有人认为该规定属于处断一罪的牵连犯。该款的内容涉及两个刑法条文,即第 170

① 参见吴振兴:《罪数形态论》,中国检察出版社 2006 年版,第 294 – 296 页。

② 参见赵丙贵:《想象竞合犯研究》,中国检察出版社 2007 年版,第 147 页。

条与第 171 条;所涉及的罪名也是两个,即伪造货币罪与出售、购买、运输假币罪。在强调伪造行为与出售、运输行为的对象属同宗性质的前提下,按照《刑法》第 170 条规定的伪造货币罪进行定罪并从重处罚。[①] 姑且不论这一处断规定属于提示性规定还是拟制性规定,其功能表现在给出明确的处断结论。从更深层的维度对这一规定的学理基础进行解读,无论将其归纳为本质一罪或者处断一罪的具体形态之中,前提都是对行为类型外延的确定与解读,以及建立在外延明确基础上的犯罪之间的内在逻辑关系的理解之上。

具体来说,如果将伪造货币罪的行为外延限定在仅仅包括"伪造行为",而没有延伸到出售与运输假币行为之上的话,前述的"处断"规定显然就属于处断一罪的范畴,至于属于牵连犯还是吸收犯,则需要从牵连与吸收关系的外延以及二者之间的内在联系上进行判断。如果将伪造货币罪的行为外延扩张至"出售"、"运输"等衍生行为在内的话,那么前述的"处断"规定就属于提示性规定,将其解读为"竞合"关系更为妥当。因此,对犯罪构成的外延进行预先的确定,通过刑法适用解释的方法来确定其外延及其涵摄,是进一步判断罪数形态的前提基础。从整体的系统论角度来分析,上述的"处断规定"以及司法习惯做法,也会影响刑法规范外延的范畴,影响到具体的司法适用。一般来说,"伪造"与"出售"、"运输"行为间显然不具有包括关系;即便采用体系解释的扩张解释的方法,也不能认为"伪造"行为将"出售"与"运输"包括在内。如此一来,上述的规定就应该属于基于牵连犯的处断设定。

很明显,前述的牵连关系实际上源自刑法规范的类型化设定,也就是罪名的设定之上。伪造货币行为被确定为独立的犯罪;出售、购买与运输假币的行为被确定为包括为一的独立犯罪。所谓牵连,则是指假币的"最初取得"上来说有购买与伪造之对立排斥关系,而伪造行为显然属于高度行为,按照《刑法》第 170 条定罪显然已经可以充分评价所实施的高、低度行为全部之不法内涵,因而排斥出售与运输假币罪的独立适用空间。

三、牵连犯的诉讼路径:诉讼客体单一性维度的展开

从牵连犯的内在结构维度来看,可以从形式表现与深度的稳定结构两个方面进行不同层级的解读。从形式上看,牵连犯并没有所谓内部结构,牵连犯是指原本独立的数个异种犯罪基于牵连关系而形成连接关系的犯罪事实整体。从结构来说,牵连犯就是简单的数个独立异种数罪的相加,每个犯罪依旧是独立的存在,只不过彼此之间具有牵连关系而已。如此一来,牵连犯的诉讼路径就与数罪并罚的诉讼路径相同,都存在数个独立的诉讼客体,都需要进行证明,每个独立的诉讼客体沿着自己的路径完成证明之后,才会去判断是否符合刑法分则所明确规定的"依照特定犯罪处断"的关系性条件。

在此前提之下,"从一重罪处断"的含义就具有了明确的内涵,即在不改变前提的基

---

① 参见张淼、付立庆编著:《刑法分论》,吉林人民出版社 2015 年版,第 109－110 页。

础上限制了定罪的数量并提供了具体的处断方法。从这个角度来说,从一重罪处断并未改变牵连犯的原始结构,也并未生成新的犯罪构成;如果将从一重处断的处罚规定倒溯至犯罪构成的法定生成机能之上,认为此时形成了新的犯罪构成,那么这一规定就变成了法定一罪而非处断一罪。所以,“从一重罪处断”与数罪并罚方法就具有了相同的功能,都指向最终的单一刑罚体系。二者的差异之处在于,数罪并罚建立在数个诉讼客体被评价之后的数个罪名与数个宣告刑之上,而“从一重处断”则建立在数个诉讼客体得以证明之后,但根据法律规定仅定一罪并且量刑的基础之上。[①] 从这个角度来说,“从一重处断”就成为数罪并罚适用方法的简化版,将其中针对轻罪诉讼客体的定罪内容直接忽略,将其转化为一重罪中的量刑情节予以适用。将原本具有连续性的“犯罪构成符合性评价—定罪—量刑”司法诉讼路径,简化为“数个犯罪构成符合性评价—定罪—量刑”。

<table>
<tr><td>典型一罪</td><td>符合性判断</td><td>定罪</td><td>量刑</td><td></td></tr>
<tr><td rowspan="2">牵连犯</td><td>符合性判断</td><td rowspan="2">定罪</td><td rowspan="2">量刑</td><td rowspan="2"></td></tr>
<tr><td>符合性判断</td></tr>
<tr><td rowspan="2">典型数罪</td><td>符合性判断</td><td>定罪</td><td>量刑</td><td>数罪并罚</td></tr>
<tr><td>符合性判断</td><td>定罪</td><td>量刑</td><td></td></tr>
</table>

相较于数罪并罚的数个“犯罪构成符合性评价—定罪—量刑”独立诉讼完成之后的再度“数罪并罚”整合刑罚来说,牵连犯的诉讼过程的定罪与量刑都表现为单一。此时,罪名数与诉讼客体数无法对应,针对数个诉讼客体的评价结论只表现为一罪名,显然罪名的数量上呈现出缺失的状态。进一步说,对于牵连犯的数个诉讼客体进行评价,并没有表现在评价结论的复数形态之上,而仅用一罪名作为全部诉讼客体评价的应对结论。与数罪并罚不同,一罪名的定罪结论实际上限制了“单一罪”的刑罚后果,无法按照数罪并罚的方式采取限制加重的方法,实现对法定刑上限的突破。

综上,从诉讼路径来说,牵连犯的诉讼客体并非单一,即存在多个犯罪构成符合性判断,但经过判定之后得出的数个犯罪构成符合性结论并没有形成数个罪名结论之上,而是按照一罪定罪处罚。[②] 所以,从这个角度来说,“从一重处断”是指罪名数的单一性,而并不是对多个诉讼客体进行整合加工或者删减,最终形成一个诉讼客体。[③] 从评价的角度来说,显然没有满足将罪名数与诉讼客体数对应起来的全面、细致化评价之要求;但从惩罚合理性角度来看,牵连犯等罪数形态的处断原则都是基于长期经验的总结,显然符合实践理性的要求。

---

① 参见张淼:《罪数论的诉讼客体维度解析》,载《贵州省党校学报》2020 年第 1 期。

② 参见甘添贵:《罪数理论之研究》,中国人民大学出版社 2008 年版,第 144 页。

③ 参见郑逸哲、刘柏江:《法规竞合 · 想象竞合 · 实质竞合:构成要件适用方法导论》,作者自版 2013 年版,第 115 – 120 页。

此外，虽然对牵连犯中他罪诉讼客体的评价没有体现在罪名的确定之上，但并不代表该诉讼客体丧失了独立性。不仅需要将其作为评价对象予以证明，而且在得出符合性肯定结论的基础上，其所触犯“罪名”的刑罚后果也会产生实质性的影响。举例来说，适用前述《刑法》第 171 条第 3 款的规定，伪造货币并出售或者运输伪造的货币的，应当按照伪造货币罪定罪，并处的罚金数额不得低于《刑法》第 171 条第 1 款的最低数额，也就是 2 万元。究其原因，虽然出售、运输假币的“罪名”不存在，但出售、运输假币的行为还是得到证实的，而具体的刑罚则需要与犯罪行为形成程度上的对应关系。

四、结论

与法定一罪不同，牵连犯的牵连关系并不会改变其内部的结构，数个诉讼客体依旧保持着独立性的属性，都需要被评价。刑法分则规范对牵连犯处断原则的多种规定方式，都是为了实现实质惩罚合理性目的之下的不同路径选择，都是基于我国刑法具体“罪刑”规范之上的个别化展开。所以，从具体的诉讼路径来判断，作为科刑与处断一罪的牵连犯，其诉讼客体依旧保持着独立性，虽然没有体现在罪名结论之上，但也仍然对刑罚后果形成了制约性的影响。

核准追诉相关问题探析

柴乃文　偰锦良　刘雨露*

摘要：近年来，随着人脸识别、指纹声纹比对、步态同步分析等新类型侦查技术的提升和深度运用，一些陈年命案中可能被判处无期徒刑以上刑罚的犯罪嫌疑人被抓获归案，由于有的案件距离案发已超过20年的追诉时效期限，按照我国《刑法》规定，要追究刑事责任必须层报最高人民检察院核准。限于法律条文的原则性，不同层级的检察机关对核准追诉制度的适用原则、证明标准、证据要求存在不同理解，需要从实体审查与程序流转上进行规范和统一，以推进核准追诉案件规范化办理。

关键词：核准追诉　适用原则　立案　证据标准

一、核准追诉制度的价值

核准追诉制度，也有学者将其称为追诉时效超期适用制度，是指根据《刑法》①第87条第4项（1979年《刑法》第76条第4项）的规定，法定最高刑为无期徒刑、死刑的犯罪，经过20年不再追诉。如果20年以后认为必须追诉的，须报请最高人民检察院（以下简称最高检）核准。我国现行《刑法》和1979年《刑法》都规定了核准追诉制度，相关条文的表述也一致。

（一）核准追诉制度符合我国国情需要

设置一个国家的追诉时效制度，应与国家的法治传统、诉讼价值观念以及其他司法制度相对应，既要充分考虑追诉时效制度本身的设立价值和意义，也要充分理解国民基本的"法感情"。在我国，"以牙还牙、杀人偿命"等传统观念仍被当成朴素的正义观根植于普通民众心中，如司法机关对极其严重的犯罪以追诉期限届满为由不再追究刑事责

---

* 柴乃文，最高人民检察院第二检察厅三级高级检察官；偰锦良，江苏省扬州市邗江区人民检察院第一检察部副主任；刘雨露，江苏省扬州市邗江区人民检察院第一检察部检察官助理。

① 本文引用的法律法规均采用简称，我国《刑法》均指现行《刑法》，1979年《刑法》将在文中特别说明。

任,一方面意味着被害人丧失了寻求正义的公平途径,被害方可能因犯罪嫌疑人得不到惩处,而采取同态复仇的行为,不利于社会稳定;另一方面会使潜在的犯罪分子认为犯罪后逃过一段时间就不会被追究刑事责任,犯罪时更肆无忌惮,不利于犯罪预防;此外,还会使社会民众认为司法不公、罪刑失衡,严重冲击司法公信力。因此,建立核准追诉制度在我国国情之下是立法的必然选择。

(二)核准追诉制度彰显了"罪刑法定"原则

在核准追诉制度中贯彻罪刑法定原则,不仅在形式上要对超期适用追诉制度有明确的立法依据,更要在实质上确定条文符合罪刑法定原则的核心价值。《刑法》第 87 条第 4 项中明确规定:"如果二十年以后认为必须追诉的,须报请最高人民检察院核准",从形式要件上确立了核准追诉制度的法律依据。一方面,从立法本意上理解,当刑事案件超过法定追诉期限后,国家机关将不再承担追诉犯罪的职责,在一定程度上限定或减轻追诉犯罪的国家责任和负担,同时避免对随时间流逝已自行修复的社会秩序造成二次破坏;另一方面,在"认为必须追诉"的法定前提下,由最高检核准启动追诉犯罪,"依法严惩凶手,不让正义缺席",符合设置核准追诉制度的立法初衷,充分彰显了罪刑法定原则的核心价值。

(三)核准追诉制度具有现实必要性

根据不同犯罪的法定最高刑,我国《刑法》第 87 条确定了 5 年、10 年、15 年、20 年四个档次的追诉时效期限,原则上相应犯罪只要经过上述期限就不再追诉。在确定超过追诉时效、不再追究刑事责任的规则之外,法律又对于一些社会危害性极其严重、犯罪嫌疑人的人身危险性极大、造成的社会影响极其恶劣的罪行,规定了最高检的核准追诉权。由最高检来决定是否追究犯罪人的刑事责任,不仅充分体现立法机关对已过追诉时效犯罪进行追诉的极慎重态度,有利于保证核准追诉结果的统一性和权威性,也更符合尊重和保障人权的时代要求。从一定意义上说,核准追诉制度是追诉时效制度的"修正'例外'"和"补充"。①

二、核准追诉的把握原则

司法实践中,对核准追诉制度的适用原则存在不同观点:一种观点认为,从立法本意理解,《刑法》第 87 条中关于"犯罪经过法定期限不再追诉"是一般原则,对暴力重刑犯罪"核准追诉"属例外性规定。2012 年《最高人民检察院关于办理核准追诉案件若干问题的规定》第 2 条规定"办理核准追诉案件应当严格依法、从严控制";最高检公布的第六批指导性案例中,四起案件中有两起没有予以核准追诉,充分体现了"以不追诉为原则,以追诉为例外"的司法理念。另一种观点认为,核准追诉制度的适用需要同时符合法定刑

① 参见王牧、张萍:《核准追诉制度实务问题研究》,载《法学杂志》2018 年第 3 期。

条件、证据条件、追诉可能性条件和必要性条件，具体办理案件时还要综合犯罪性质、犯罪手段、犯罪情节、犯罪后果及犯罪嫌疑人的现实人身危险性、社会关系是否已经恢复等多方面加以判断，但并不能得出"以不追诉为原则，以追诉为例外"的必然结果。[①] 笔者同意前一种观点，主要基于以下考虑：

首先，符合追诉时效制度的立法本意。设置核准追诉制度更多的是为了在"时过境迁"之后限制公权力的任意启动。对于司法机关而言，以不核准为原则，意味着对国家刑事司法权的"正面"约束和限制，同时提醒和督促侦查机关对已经发生的犯罪事实要及时立案查处，提高工作效率，有利于在一定程度上防止刑事案件的"久拖不办"。

其次，体现刑罚功能性的引领意义。刑罚不仅是要惩罚犯罪，更要预防犯罪，具体到核准追诉案件，就体现在限制犯罪嫌疑人的人身危险性、再犯可能性，消除犯罪影响及引发的矛盾，恢复被犯罪所破坏的社会秩序。犯罪嫌疑人在逃避侦查期间，基于对超过追诉期限不再追究刑事责任的期待，一般会安分守己、不再犯罪，若大量案件超过追诉期限依然被核准追诉，将在导向上降低犯罪嫌疑人对未来脱罪的预期，可能会导致其"有所顾忌"的心理降低，增大再犯可能性，反而降低了刑罚的预防功能。

最后，在实务层面降低刑事司法的误判风险。已过追诉时效的案件，至少需经过 20 年，按照当时的刑事诉讼法及相关规定取得的证据，无论是取证规范化还是已取证据的效力，可能都要低于现行刑事诉讼法的要求。如果按照现行规定再行取证，很多证据可能已经灭失，根本无法取得。在这种情况下进行大量追诉，不仅浪费宝贵的司法资源，而且存在较高的误判风险。以核准为例外，可以确保集中司法资源办理确有必要追诉的重大犯罪案件，减轻刑事讼累的同时降低司法误判风险，充分体现刑事诉讼的公正与效率。

三、核准追诉案件的证据条件和证明标准

（一）证据条件是核准追诉案件的首要条件

根据《人民检察院刑事诉讼规则》第 322 条及《最高人民检察院关于办理核准追诉案件若干问题的规定》第 5 条的规定，报请核准追诉的案件应当同时符合四个条件：一是有证据证明存在犯罪事实，且犯罪事实是犯罪嫌疑人实施的；二是涉嫌犯罪的行为应当适用的法定量刑幅度的最高刑为无期徒刑或者死刑；三是涉嫌犯罪的性质、情节和后果特别严重，虽然已过 20 年追诉期限，但社会危害性和影响依然存在，不追诉会严重影响社会稳定或者产生其他严重后果，而必须追诉的；四是犯罪嫌疑人能够及时到案接受追诉。

概括起来，超过追诉时效的案件只有同时具备证据条件、刑罚条件、追诉可能性条件和追诉必要性条件，才符合报请核准的要求。司法实务中对后三个条件的把握往往比较明确，但对第一个条件即证据条件的把握才是关键。实务中，常常会出现案件本身事实

---

① 参见史卫忠等：《核准追诉中的若干实务问题考察》，载《人民检察》2016 年第 10 期。

不清、证据不足,公安机关无法作出是否报请核准的决定,也会出现公安机关报请核准追诉后,检察机关审查认为案件证据不足,无法确定能否层报最高检核准的情况。因此,证据条件是核准追诉案件的首要条件,只有具备证据条件的案件才可以进入报请核准追诉的程序。

(二)证明标准可以参照"两个基本"

由于核准追诉的犯罪嫌疑人,犯罪行为超过了20年追诉时效期限,决定追诉应当更为慎重,否则容易再次激化矛盾,产生不良社会影响。同时此类案件在搜集证据、举证方面无疑会有很多困难,因此对核准追诉案件的证据标准也不能过于苛刻。笔者认为,核准追诉的证据标准可以按照"两个基本"把握,即"基本事实清楚,基本证据确实、充分"。①

"基本事实"是指按照《刑法》规定足以影响定罪量刑的事实,即决定被告人的行为是否构成犯罪、罪行轻重的事实。"基本证据"是指能够总体证明案件基本事实的证据,对证明案件起到排他性作用,基于这些证据,可以得出证明案件基本事实的结论,并且能够排除其他可能性。以上"两个基本"并不要求案件从细节上能够排除所有合理怀疑,只要对定罪量刑起到关键性作用,可以证明案件事实并得出合理性结论即可。

四、核准追诉实务中的疑点问题分析

(一)对"以人立案"与"以事立案"的理解

《刑法》第88条第1款规定,"在人民检察院、公安机关、国家安全机关立案侦查或者在人民法院受理案件以后,逃避侦查或者审判的,不受追诉期限的限制"。核准追诉案件均是陈年积案,大多数案件公安机关当年并未锁定犯罪嫌疑人,仅仅"以事立案"。因牵涉是否需要报请核准追诉,对"立案"是指"以人立案"还是"以事立案",实务中存在较大分歧意见。

笔者认为,此处"立案侦查"应当严格依照法律规定理解和把握。《刑事诉讼法》第109条明确规定,"公安机关或者人民检察院发现犯罪事实或者犯罪嫌疑人,应当按照管辖范围,立案侦查";第112条中规定,"人民法院、人民检察院或者公安机关对于报案、控告、举报和自首的材料,应当按照管辖范围,迅速进行审查,认为有犯罪事实需要追究刑事责任的时候,应当立案"。从法律规定可以看出,发现犯罪事实或者犯罪嫌疑人均可以立案,故立案并不以发现犯罪嫌疑人为必要。因此,《刑法》第88条中"立案"的理解,不必苛求明确犯罪嫌疑人的"以人立案",这样把握既是立法的明确要求,也符合司法实际。实践中大量的刑事案件,司法机关在立案侦查时往往只有确定的案件事实,并不能确定犯罪嫌疑人,在之后的侦查过程中才逐步发现并确定犯罪嫌疑人。若拘泥于"以人立

---

① 参见陈国庆、王佳:《"两个基本"与我国刑事诉讼的证明标准》,载《法制资讯》2014年第4期。

案”，不仅与法律规定相悖，而且具有抬高刑事立案标准之嫌。换言之，从侦查机关是否对人、对事立案角度去区分适用法律，有违公正。例如，甲、乙均是故意杀人案的行为人，作案后均逃跑，由于侦查机关在立案时掌握了甲而未掌握乙就认为甲受追诉时效限制，而乙不受追诉时效限制，也就是说，在二人行为相同的情况下，只是因为侦查机关掌握的信息不同而区别对待，显然不公平。

(二) 对“立案”标准的把握

司法实践中的核准追诉案件，不乏存在未严格按照规定履行立案审批手续，未制作立案文书或者立案文书不规范甚至丢失的现象，对于这种情形，要从历史的角度，结合当时的历史背景具体分析，不能简单地“一刀切”，认为没有立案文书和手续或者文书手续不规范就视为没有“立案”。考虑到二三十年前对办案的程序性要求不高，公安机关办案“不破不立”等不规范行为难免存在。因此，在认定是否“立案”时，应当从“立案”的本质属性进行考量，即是否开展实质的侦查行为和活动，如果存在现场勘查、尸检报告、鉴定意见、询问证人、讯问嫌疑人等实质性侦查行为，能够表明公安机关的立案活动是客观存在的，应当视为“立案”。当然，如果只是受理材料、登记记录，未开展实质性侦查行为的，不应当视为“立案”。

(三) 对“逃避侦查或者审判”的解读

无论是现行《刑法》还是 1979 年《刑法》，均将“逃避侦查或者审判”作为不受追诉期限限制的必要条件。从办案实践看，对“逃避侦查或者审判”应作限制性解读。设置追诉时效的本意，并非出于惩罚司法机关未积极履行职责，而是惩罚犯罪嫌疑人刻意阻碍司法活动逃避侦查、审判。如果不作限制解释，将一切不符合自首或被当场抓获的情形都解释为逃避侦查，实务中就会有大量案件不受追诉时效的限制，使追诉时效制度丧失实际意义。① 笔者认为，判断是否“逃避侦查或者审判”，主观上要求犯罪嫌疑人具有逃避追诉的意图即可，即应当认识到自己涉嫌犯罪，并在此基础上实施了逃避行为，并不要求犯罪嫌疑人明确知晓侦查机关是否立案侦查、人民法院是否受理案件以及是否被确定为犯罪嫌疑人。

同时，不是所有的逃避行为都属于“逃避侦查”。作案后的逃跑行为不应视为“逃避侦查”。“逃跑”不完全等同于“逃避”。如《刑法》总则中自首系减轻处罚的奖励性规定，而非义务性要求。法律不能苛求任何人在实施犯罪行为后不逃跑，只有确实干扰侦查，导致侦查活动无法顺利进行，追诉程序无法继续的，才属于“逃避侦查”。犯罪嫌疑人作案后，未离开原居住地，或者正常外出打工、经商，没有隐姓埋名，也没有隐瞒新居住所

---

① 参见曹莉：《漏罪的追诉时效如何计算》，载《中国检察官》2019 年第 6 期。

的，不属于“逃避侦查或者审判”。[①] 如果没有证据表明公安机关在犯罪嫌疑人被抓获之前有针对性的侦查活动，而犯罪嫌疑人逃跑主要是基于害怕受到法律惩处的自我保护本能，并非基于知道或者应当知道自己已被立案侦查，且一直正常工作、生活，无隐匿、冒用身份等“积极逃避”侦查的行为，无法证明犯罪嫌疑人的逃避行为给侦查活动造成了实质性的影响，应受追诉时效限制。

（四）一人犯数罪的追诉时效计算及报请核准问题

报请核准追诉案件中的犯罪嫌疑人触犯多个罪名的，依据法律规定，应分别独立计算追诉时效，按每个罪行最开始的时间分别计算。如果犯罪嫌疑人的犯罪行为有连续或者继续状态的，从犯罪行为终了之日起计算。如果犯罪嫌疑人在追诉期内又犯罪的，前罪追诉的期限从犯后罪之日起计算。对于已过追诉时效的犯罪，不再追究刑事责任，已经追究的，应当撤销案件，或者不起诉，或者终止审理，或者宣告无罪。未过追诉时效的犯罪，按照其所犯罪名和犯罪情节进行定罪量刑。

对于一人犯数罪，其中有犯罪法定最高刑达不到无期徒刑或者死刑时，如何报请核准追诉是实践中争议比较大的难点问题。笔者认为，对于犯罪嫌疑人在同一时间、空间范围内，针对同一对象先后实施了两种犯罪行为，两行为具有牵连性，即无期徒刑以下犯罪与法定最高刑为无期徒刑或者死刑的犯罪存在紧密关联，则应当一并报请核准追诉，以实现对犯罪事实及犯罪分子主观恶性及人身危险性的完整评价，有力打击犯罪。如“南医大女生被杀案”，犯罪嫌疑人麻某某的行为同时构成强奸罪和故意杀人罪。根据《刑法》第 12 条、第 87 条第 4 项、1979 年《刑法》第 139 条第 1 款规定，强奸罪法定最高刑为 10 年有期徒刑，经过 15 年即不再追诉。但鉴于麻某某强奸、杀人行为具有延续性、关联性和完整性，且被害人死亡的原因既有前面的暴力因素，又有后面的窒息因素，二者不可分割，从行为、结果、社会危害性角度，均应对两个罪名进行整体评价。

（五）共同犯罪中的追诉时效确定及报请核准问题

共同犯罪中对追诉时效的确定，应以刑法对犯罪行为一般情况下的评价为依据，即行为所对应的法定刑幅度，不能辅之于其他量刑情节进行评价。共同犯罪是一个犯罪整体，共同犯罪嫌疑人是基于共同的犯罪行为性质、后果承担刑事责任，法定刑由共同犯罪行为来确定。共同犯罪嫌疑人在共同犯罪中的各自地位、作用，不会对共同犯罪行为适用的法定最高刑产生影响。从法理角度分析，如果按照个体行为性质和情节单独确定追诉时效，会造成共同犯罪嫌疑人被选择性地进入追诉程序，有违程序正义。基于共同犯罪追诉的一体性要求，不能割裂共同犯罪嫌疑人的整体行为，不论从犯的参与程度如何，对其追诉时效应以整个共同犯罪行为所适用的量刑幅度中的法定最高刑来确定。

---

① 参见高翼飞：《追诉时效争议问题研究——以刑法和刑事诉讼法的协调为视角》，载《中国刑事法杂志》2020 年第 4 期。

同时,共同犯罪中存在需要对主犯核准追诉而从犯、胁从犯没有追诉必要,或者部分犯罪嫌疑人到案而其他同案犯未到案,以及部分同案犯丧失诉讼能力等情形,对此应当正确理解和把握。核准追诉的对象是基于犯罪事实的犯罪嫌疑人,效力仅及于核准追诉的犯罪嫌疑人本人,对于其他同案犯不发生效力,这样更能体现罪责刑相适应原则,也有利于督促侦查机关及时履行侦查职责,及时将犯罪嫌疑人抓捕到案。对于后续到案的其他同案犯,在具备核准追诉条件后,认为必须追诉的,可以再行报请核准追诉。对共同犯罪中已过追诉时效的犯罪嫌疑人,应充分评估犯罪嫌疑人的人身危险性、社会危险性,犯罪影响是否已经消除,破坏的社会关系是否得到恢复等因素综合考量。

五、结语

核准追诉案件的办理,既要兼顾社会治理,又要注重矛盾化解工作,需从修复社会关系、钝化社会矛盾的角度出发,探究核准追诉的立法原意,探索多元化的救济途径,促进案结事了,增强检察机关司法公信力,实现政治效果、社会效果和法律效果的有机统一。

由唯结果论到主客观统一论：轻伤害案办理中的误区及正解

陈新建　远桂宝*

摘要：由于对故意伤害罪实行行为的模糊认识和忽视对行为人主观方面的考察等因素，导致了轻伤害案件办理中存在“唯结果论”的明显倾向，即根据实害结果来认定犯罪，也即只要行为造成轻伤结果，那么行为就是轻伤害行为。这种倾向导致了一些本应该认定为过失致人轻伤的行为却被认定为故意伤害行为，铸成错案。对此，应当以“主客观同一论”取代“唯结果论”，对于造成轻伤害结果的行为要立足于全案证据，区分“殴打故意”与“伤害故意”，同时对于轻微暴力造成轻伤结果的行为和非定型化造成轻伤结果的行为，应当谨慎认定伤害的故意。

关键词：轻伤害案件　故意伤害罪　过失　唯结果论　主客观相统一

轻伤害并非法定罪名，从狭义上指故意伤害他人，致人轻伤的故意伤害案件，罪名是故意伤害。从广义上讲，刑法规定的寻衅滋事、聚众斗殴等其他犯罪也可能造成故意伤害致人轻伤的后果。在司法实践中一般在狭义上使用“轻伤害”这个概念，即指故意致人轻伤的故意伤害案件。轻伤害案件虽然属于易发、多发的“小案”，但是事关人民群众人身权利，与人民群众的安全感和幸福感高度相连、密切相关。轻伤害案件中的大部分又是由邻里关系等民事纠纷引起的，由轻伤害案件引发的信访问题较为突出，如能及时妥善处理，对于化解社会矛盾、构建和谐社会具有重要作用；反之，处理不当，则会矛盾激化，影响社会安定。因此，高质量办理轻伤害案件，对于切实保护案件双方当事人的合法权益，有效减少因轻伤害案件处理不当引发的信访事件，对于修复受损的社会关系，构建

---

* 陈新建，江苏省南通市经济技术开发区人民检察院党组书记、检察长；远桂宝，江苏省南通市经济技术开发区人民检察院综合部副主任。

法治社会意义重大。但在司法实践中,故意伤害罪已经成为我国无罪判决中的第一大罪名,无罪判决的数量远远高于其他罪名,其中占绝大多数的又是轻伤害案件。[①] 由此可见,轻伤害案件在定性上存在不少争议,亟须深化对轻伤害案件的法律适用研究。

一、"唯结果论"的误区

从相关的无罪判决来看,在轻伤害案件办理中存在"唯结果论"的明显倾向:根据实害结果来认定犯罪,也即只要行为造成轻伤结果,那么行为就是轻伤害行为。这种"唯结果论"忽略了对行为人主观故意等因素的考察,成为轻伤害无罪判决中的典型形式。这种"唯结果论"的做法并不科学。第一,忽略了因果关系的复杂性。从司法实践来看,刑法上的因果关系很多时候并非一条从行为到结果的清晰直线,而是数条模糊的曲线汇聚到结果这一个点,这是因为在从行为到结果的因果历程中存在诸如第三人的行为、被害人自己的行为或自然事实等介入因素。这些介入因素对结果的发生是否产生了原因力,需要进行专门的判断。具体到轻伤害案件,如果轻伤结果的发生是介入因素直接导致的或主要由介入因素导致,前行为与后结果的因果关系中断,此时根据轻伤结果来认定行为的危险性,便是根据与行为关系无关的素材来判断,显然是荒谬的。第二,颠倒了行为与结果的关系。"唯结果论"将轻伤害结果作为判断行为危险性的决定性因素,过于扩大了轻伤害结果的地位和作用,其实轻伤害结果仅仅是考察行为本身危险性的重要素材之一。"唯结果论"的这种做法用结果来倒推行为的属性,颠倒了行为与结果的关系。司法实践中存在的这种误区在一定程度上是由不当的理论误导所致。正如有学者所言"在伤害这个概念中,行为具有明显的结果性,也就是由结果来确定行为的性质。因此,某个行为是不是伤害就要看是不是造成了伤害结果:如果造成了伤害结果,我们就说这个行为是伤害;如果没有造成伤害结果,我们就不能说这个行为是伤害"。[②] 对于轻伤害案件而言,"唯结果论"容易导致对故意伤害罪实行行为认定的简单化和宽泛化,大大缩小过失致人轻伤的存在空间。过失致人轻伤虽然不构成刑事犯罪,但是作为一种现象,确实客观存在。从相关无罪判决来看,很多轻伤害无罪案件的原因在于将主观上的"过失"认定为"故意"。

二、"唯结果论"的前提性问题澄清:"轻伤不轻"

"唯结果论"之所以会产生,主要源于对故意伤害罪实行行为的模糊认知和对主观方面的考察缺失,解决这些问题的前提是,必须认识到我国故意伤害罪入罪标准的突出特

---

① 笔者通过聚法案例查阅刑事类的 423 个数据库,发现从 2011 年至 2020 年的 10 年间故意伤害案无罪判决 273 件,其中,轻伤害无罪判决 261 件,占整个故意伤害案无罪判决数的 95%。故意伤害案无罪判决数的绝对量居于第一位,成为我国无罪判决中的第一大罪名。这远远高于位居第二名的强奸案无罪判决 39 件。

② 陈兴良:《口授刑法学》(下册),中国人民大学出版社 2017 年版,第 85 页。

点“轻伤不轻”。[①] 故意伤害罪的结果是伤害,因此伤害不仅仅是一种行为,同时也是身体健康受到损害的一种状态,是一种结果。伤害存在程度上的区分,我国刑法将故意伤害分成三种情形:轻伤、重伤和伤害致死。这三种情况实际是伤害结果的三种状况、三种形态。这里需要正确理解的就是轻伤的问题。达到什么程度就是轻伤害?这是由司法机关根据《人体损伤程度鉴定标准》确定的。

根据《人体损伤程度鉴定标准》的规定,轻伤是使人肢体或者容貌损害,听觉、视觉或者其他器官功能部分障碍或者其他对于人身健康有中度伤害的损伤。司法鉴定领域的伤情与社会大众观念中的伤情是完全不同的概念。普通人眼中“伤得很重”的伤情很有可能鉴定下来只是轻伤或者轻微伤,甚至连轻微伤都构不上。这是因为伤害结果直接涉及罪与非罪、罪重与罪轻。刑法的谦抑性折射在伤情鉴定领域形成了一个“轻伤不轻”、“重伤更重”或者说“重伤要命”的现象。[②] 比如,鼻骨骨折、眶内壁骨折、上颌骨额突骨折、牙槽突骨折、肋骨骨折、肋软骨骨折、外伤性先兆流产等,这样的伤情在一般人看来就是属于比较重的,但是根据鉴定标准这些伤情只能算作轻微伤。[③] 生活中的很多常见伤,在鉴定标准里找不到对应项,连轻微伤也构不成。通过这些规定来看,通过“举轻以明重”,可想而知“轻伤不轻”。正如张明楷教授所言,对构成伤害罪的轻伤害要求太高,事实上,在国外几乎属于重伤害的,在我国才能成立伤害罪。[④] “轻伤不轻”体现的是认定轻伤的标准严格。这种标准的严格性一直存在。不仅现行的《人体损伤程度鉴定标准》存在这个问题,而且之前通行的 1990 年《人体轻伤鉴定标准(试行)》也是这个基调。

三、问题的正解:主客观统一论

根据主客观相统一的原则,任何犯罪都是在主观罪过支配下实施的行为,行为人主观罪过产生后在客观上表现为特定行为对社会产生危害性,而危害行为则成为检验行为人主观罪过的标准之一。坚持主客观相统一的原则,要做到“一个区分”和“两个谨慎”。“一个区分”就是要区分伤害的故意与殴打的故意。“两个谨慎”,一是谨慎认定轻微暴力中的伤害故意,二是谨慎认定非定型化造成轻伤结果行为的伤害故意。

(一)结合案情区分殴打故意与伤害故意

伤害的故意是故意伤害罪的构成要件之一。如何准确把握伤害的故意,传统的观点

---

① 对“轻伤不轻”的认识关涉正确界定故意伤害罪的实行行为以及对行为人主观故意的考察。

② 2022 年 6 月 21 日,河北省公安厅发布的《关于陈某志等涉嫌寻衅滋事、暴力殴打他人等案件侦办进展情况的通报》中,被害人王某某、刘某某损伤程度为轻伤(二级),远某、李某损伤程度为轻微伤。通报出来以后,引起很大的舆论。众多网友质疑鉴定结果的科学性,认为鉴定结果偏轻。这与网友看到的被害人的伤情照片形成强烈的反差。这说明普通人心中的“伤得轻”、“伤得重”与鉴定标准是两个完全不同的概念。对照一般人对伤情的判断,鉴定标准所体现的“轻伤不轻”、“重伤更重”的特征突出。

③ 再如,面部划伤 4.0cm 以上;面部皮肤擦伤,面积 2.0cm^2 以上等,才能算作轻微伤。这意味着面部划伤在 4.0cm 以内连轻微伤也构不上。

④ 张明楷:《侵犯人身罪与侵犯财产罪》,北京大学出版社 2021 年版,第 49 页。

认为所有具有攻击性的行为都是伤害行为,行为人均具有伤害故意,没有必要区分殴打行为与伤害行为、伤害故意与殴打故意。在这种观点的指引下,实践中长期以来的做法就是“唯结果论”,即攻击行为造成被害人轻伤以上结果,就认定行为人具有伤害行为和伤害故意,否则就认定是殴打故意和殴打行为。这种观点实际上将殴打故意与伤害故意混为一谈,大大缩小了过失致人轻伤、重伤和死亡的存在空间,不符合我国刑事立法的实际情况,也给司法实践带来问题。

伤害的故意区别于殴打的故意,殴打的故意是指主观上出于暴行的故意,旨在造成被害人暂时的肉体疼痛或者轻微的神经刺激,一般不会造成轻伤以上的后果,[①]所以一般不会损害生理机能的健全性,用通俗的话讲就是让对方遭受“皮肉之苦”。区分两者的实践意义在于:行为人的行为虽然造成轻伤害的后果,但是仅仅具有殴打的故意,而没有伤害的故意,行为人对殴打是故意的,但是对(轻伤害)结果则是出于过失,是不构成故意伤害罪的。由此可见,殴打故意与伤害故意在轻伤害案件中的区别,涉及罪与非罪的关键问题。主观故意归根结底是通过客观行为予以体现的,所以区别两种故意,不能仅凭行为人的口供,而是需要统筹考虑全部事实作出准确判断。区分伤害与殴打的故意要从当事人双方的身份、关系、案发起因、发展过程、使用的工具、攻击的部位、攻击力度、具体行为、损伤程度、认知水平、事后态度、双方力量对比和介入因素等,充分运用鉴定意见、成伤机制、鉴定人意见等证据予以认定。例如,老师为教育学生打耳光、父母为教育子女实施的殴打、夫妻间发生口角后的厮打等造成轻伤案例。综合主客观因素,考虑双方间的关系,应该说这些施暴者只有殴打的故意。再如,一位班主任老师因其班里的学生多次严重违反学校纪律,就批评教育该学生,遭到了该学生的顶撞,老师便出手打了该学生一耳光,结果造成该学生耳膜穿孔,6 周不能自行愈合,构成轻伤二级。综合主客观因素,应该说该教师只有殴打的故意,而无伤害的故意,宜定性为过失致人轻伤,不宜认定为故意伤害罪。只是殴打过程中失手造成轻伤以上后果的,这些行为人只有一般殴打的意图,并无伤害的故意。

(二)谨慎认定轻微暴力中的伤害故意

按照危害程度,暴力可以分为轻微暴力、中等暴力和严重暴力三种类型。轻微暴力是相对于中等暴力和严重暴力而言的,是指行为人实施了较小力度的一般攻击行为,具体表现为对被害人所实施的揪扭、推搡、一巴掌、一拳头、脚踢、掌推、手戳和口咬等攻击行为。这些行为本身仅属于轻微暴力行为,不属于伤害行为,对对方的生理机能健康不具有实质的危险性。此时,不能因为这些行为偶然地引起严重后果,就认为该行为属于故意伤害行为。因为这些行为作用于正常体质人的非人体关键部位,一般不会损害其生理机能的健全性,难以造成轻伤以上后果。从一般社会经验或民众常识来看,轻微暴力在大多数情况下都不会造成轻伤以上的危害后果,所以对行为人所实施的轻微暴力致人

---

① 在有偶然因素介入的情况下,则会造成轻伤以上甚至死亡的后果。

轻伤的,大多数是出于殴打的故意所实施。由此可见,轻微暴力一般不是故意伤害罪的实行行为,要谨慎认定伤害的故意。谨慎意味着并不绝对,由于轻微暴力也是在特定的时空环境中针对特定对象所实施的,如行为人对被害人的眼睛实施手戳行为,通常认为行为人的该行为具有高度致害危险性,应当认定其有伤害的故意。此外,虽然是采用拳打脚踢掌推等徒手方式(轻微暴力)殴打被害人,但打击没有节制或者当时场所特殊而具有高度危险性的,如长时间殴打、在楼梯口、车辆穿行的马路边猛推、追赶被害人的,在一定情况下也可以认定行为人具有伤害故意。综上所述,一般而言,轻微暴力致人轻伤,宜认定为过失致人轻伤。

(三)谨慎认定非定型化造成轻伤结果行为的伤害故意

刑法中的犯罪行为要求是类型化的法益侵害行为,对于法律所容忍的日常行为,即使在客观上造成一定危害后果,也不应认定为是犯罪,以此保护公民在社会生活中的行为自由,避免动辄得咎。《关于依法妥善办理轻伤害案件的指导意见》第 7 条规定对刑法意义上的“伤害”行为予以明确限制,如行为人“只是与被害人发生轻微推搡、拉扯的,或者为摆脱被害人拉扯或者控制而实施甩手、后退等应急、防御行为的,不宜认定为刑法意义上的故意伤害行为”,从而避免“唯结果论”。非定型化造成轻伤结果的行为是指根据社会一般观念和日常生活经验不能即时进行判断定性的造成伤害结果的行为,即处于社会一般观念和日常经验以外的具有造成伤害危险的行为,典型的有拉扯、起身、强力转身、甩手、撕扯、对方相持较劲等导致轻伤结果的行为。这些非定型化的行为一般不会直接造成轻伤以上的危害后果,而是需要在特定的时空条件下或者是在偶然因素介入的情况下,才会产生轻伤以上后果,侵犯生理机能健全性。其中进入司法领域的大多数是基于本能反应的防御行为,具体有:(1)拉扯行为。拉扯在争执中是最常见的行为,是日常生活中的防御行为,拉扯行为往往是因对方行为而造成的本能反应,具有被动摆脱的自我保护意志,不应认定行为时具有刑法上的伤害故意。(2)甩手行为。甩手行为是典型的防御、应急行为,系一般正常人在遇到纠缠或遭受人身侵害的通常情况下都会去做的一个正常反应,不能以此认定行为人希望或放任其甩手行为导致被害人受伤的结果发生,同时其也不可能当时就预见到该甩手行为必然或可能造成被害人生理机能健全性遭受损害。(3)起身行为。从司法实践中出现的案例来看,起身行为往往是摆脱纠缠或避免遭受进一步侵害的防御、应急行为,本身不具有主动攻击性,也难以评价为类型化的侵害法益的伤害行为。(4)转身等其他行为。从司法实践中的无罪案例来看,非类型化的造成轻伤结果行为,除了以上所列举的拉扯、甩手、起身等防御、应急行为,还有转身等其他行为。这些行为往往是造成他人倒地磕碰或引起原有病症发作等原因而间接造成轻伤的情况,即伤害结果并不是加害人直接以暴力手段所致,而是介入其他间接因素造成的。

企业合规

涉案企业合规有效性监管问题研究

张　娟　王文韬　周荻淳*

摘要:涉案企业合规包括合规启动、整改落实、结论审查等阶段,检察机关均应承担主要的监督责任。主要体现为对全过程监管以及对第三方组织的职能发挥起到重要的推动作用两个方面。如何保障涉案企业合规的公正性、实效性、专业性等是现有司法实践下检察机关不得不面对的突出问题。检察机关应通过制度设计,加强对自身及第三方组织的权力制约,增加包括事后跟踪回访在内的多样化监管方式,引入并细化再犯从重机制,实现检察机关有效监管,促成涉案企业"真整改"、"真合规"。

关键词:涉案企业合规　监管有效性问题　机制优化

一、问题的提出

随着部分地区改革试点的推进,涉案企业合规的主体制度框架已经形成,并取得了一定成果。在之后的全面推开过程中,各方逐渐把焦点转向如何确保合规整改的实质效果。2021 年 12 月 16 日,时任最高人民检察院检察长张军在涉案企业合规第三方监管人座谈会中指出,通过改革试点工作督促涉案企业"真整改""真合规",重要前提是第三方组织、人员要做到"真监督""真评估",谨防企业合规整改成为走过场的"纸面合规"、可改可不改的"软约束",决不能让合规改革成为涉案企业无条件"免罚金牌"。[1] 无疑,涉

---

* 张娟,江苏省常州市武进区人民检察院党组书记、检察长;王文韬,江苏省常州市武进区人民检察院第二检察部副主任;周荻淳,江苏省常州市武进区人民检察院第二检察部副主任。

① 参见邱春艳:《企业合规改革,第三方监管如何落实——涉案企业合规第三方监督评估的实践与思考》,载《检察日报》2021 年 12 月 17 日,第 1 版。

案企业合规的有效性是关系企业合规改革正当性的根本问题。

按照最高人民检察院(以下简称最高检)的改革思路,保障涉案企业有效合规整改的基本方法有二:一是“因案明规”,二是强化审查。① “因案明规”的言下之意,是要求合规计划“量身定做”,做到可操作性、有针对性,力求务实、精准、管用。强化审查,则要求检察机关作为主导人对合规计划的执行情况和执行结果承担监管责任,防止企业合规落入“纸面合规”。笔者认为,在涉案企业合规开展的各个阶段,检察机关均应承担主要监管责任。在确立涉案企业合规有效性标准的基础上,如何在企业合规各大关键环节落实检察机关监管责任,成为检察机关当前面临的履职难题。

二、企业合规有效性监管的主导

通过对涉案企业合规情况的梳理可以发现,无论是对总体宏观的理论论证、试点决策、规范制定,还是具体试点的推进方式、进度调控和领域调整,检察主导已成为中国涉案企业合规的鲜明特色。② 无论是理论创新,还是实践探索,都表明了检察机关在企业合规制度推进过程中起到实质性作用,成为该制度发展的重要力量。因此,检察机关在涉案企业开展合规建设方面应起到主导作用,对有效性审查和评估应履行主导责任。

(一)检察机关发挥主导作用的原因

一方面,发挥企业合规监管主导作用,是新形势下检察机关保障经济高质量发展的应有之义,是检察职能的必要延伸。服务保障民营经济,优化法治营商环境,一直是检察机关工作的重点,特别是在近几年新冠疫情导致经济下行的压力下,审慎谦抑的司法理念在涉企案件中得到了全面贯彻。传统的检察机关履行护航企业发展的方式,如针对企业的管理漏洞制发检察建议,对企业后续的整改行为缺乏行之有效的监督机制,涉案企业是否真实整改以及是否整改到位等信息,检察机关并不掌握。除非有真实整改意愿,否则在没有其他政策激励和规制下,涉案企业一般不会积极主动整改。实际上,检察机关也无权要求企业必须按照检察建议整改。这就使检察履职在一定程度上流于形式。另外,以往单位犯罪的司法实践表明,检察建议是否落实以及企业管理漏洞等是否实质整改,并不会对涉案企业刑事责任的处理决定上产生太大影响。因此,检察机关在办理涉企刑事案件过程中,需要平衡好法律和社会经济稳定的关系。对此,检察机关应通过涉案企业合规制度,引入第三方组织,提供刑事激励政策,督促企业真实有效地开展整改,促使企业真正依法依规经营。既能让企业弥补犯罪行为造成的损失,同时给予企业改过自新的机会,使企业可以持续经营下去,真正发挥检察机关服务保障经济健康发展

---

① 参见徐日丹:《如何让好制度释放司法红利——全国检察机关全面推开涉案企业合规改革试点工作部署会解读》,载《检察日报》2022年4月6日,第1版。

② 参见董坤:《论企业合规检察主导的中国路径》,载《政法论坛》2022年第1期。

的职能作用。

另一方面,立足企业发展本身而言,企业合规[①]是企业治理的重要方式。随着市场经济发展,市场自由度越来越高,经济发展的原生动力从来源于人力、物力等传统制造业、工业,逐步过渡到来源于以技术创新、管理创新、金融创新等多维一体的信息化产业。由此给企业带来的合规风险逐渐增多,且类型多样,而违反刑事法律给企业带来的后果最为严厉。随着以风险为导向的企业战略管理模式的不断发展,科学地推进企业合规建设、准确地识别刑事法律风险,已然成为企业正常生产经营和可持续性发展的关键因素。企业通过开展合规,制订和履行明确的合规计划,如完整的商业行为准则、成熟的合规组织体系、及时的合规防范体系、完整的合规监控体系以及有效的应对补救体系,大都可以满足企业经营发展中防控法律风险的需求。合规已经成为企业用于预防、发现和制止内部违法犯罪,规避法律风险的重要内控机制和治理方式。[②]

(二)检察机关履行主导责任的主要体现

检察机关履行主导责任主要体现在以下两个方面:

其一,对涉案企业合规全过程的主导责任。检察机关在企业合规的启动,合规计划通过、对合规整改定期或不定期的检查,到最终整改有效性的评估,都起到主导作用,因此同样负有主导责任。这是因为,虽然现行刑事立法相关法律并没有提供企业合规整改通过后可从宽处理的依据,但现行司法实践已然将企业合规作为刑事处理的考量因素。不管是公安机关作为侦查机关系刑事案件证据的一手获取者,还是作为居中裁判的审判机关,相对检察机关而言,都没有可利用诉前程序对企业合规整改开展深入跟踪、监管和评估的条件。

其二,对第三方组织的职能发挥起到重要的推动作用。企业合规建设不仅是刑事法律问题,而且是企业管理的内部问题,具有专业性。[③] 较为通行的做法是通过专业的第三方机构或者人员对企业合规建设进行监督评估,以实现涉案企业合规建设、保证企业依法依规持续发展的本质。因此,作为刑事激励政策决定者的检察机关在积极配合第三方管委会履行规定职责的同时,也应确保第三方监管员与涉案企业利益无关的独立性、从业资格的专业性、履职行为的合法性。

(三)检察机关主导作用和责任的几点问题

虽然通过上述分析,我们可以得出检察机关在涉案企业合规中应起到主导作用和负有主导责任,但实践中也存在以下问题。

一是关于确保检察机关发挥主导作用的公正性问题。以启动为例,合规程序是否启

---

① 这里的企业合规,不仅包括涉案企业合规,而且包括针对违反行业规范、违反行政政策、规范等全方位合规建设。

② 参见马明亮:《作为犯罪治理方式的企业合规》,载《政法论坛》2020 年第 3 期。

③ 参见李勇:《涉罪企业合规有效性标准研究——以 A 公司串通投标案为例》,载《政法论坛》2022 年第 1 期。

动由检察机关决定，而刑事激励政策是企业开展合规整改的动力源泉，如果合规的启动没有做到公平公正，又如何确保检察机关真实有效地发挥监督职能？虽然最高检等部门联合印发的《关于建立涉案企业合规第三方监督评估机制的指导意见（试行）》（以下简称《指导意见》）已对涉案企业合规改革适用的案件范围作出了规定，对合规案件提出依法“能用尽用”的要求，但并不是规定范围内的所有案件都必须启动合规程序，况且有限的司法资源也不允许每个涉企案件进行企业合规。因此，实践中检察机关对于哪些企业可以适用企业合规是具有一定裁量权的，检察机关是否依法公正启动相应程序就是整个合规案件成败的关键。检察机关作为涉案企业合规的重要作用主体、刑事激励政策的决策人，需要明确个案适用的理由，尤其是系列案件或者类案。以虚开增值税专用发票案为例，一家开票犯罪单位的查处，往往会带出一批购票犯罪单位。那么对于这些购票单位，如何确定启动的范围，则需要检察机关公平公正作出处理，否则企业合规目标难以实现。

二是关于保证检察机关发挥主导作用的实效性问题。仍以合规程序启动为例，由于合规适用范围过于宽泛，一些小微企业、家庭作坊等为了个人获得从轻处理而会积极主动要求开展企业合规。但实际上，一方面，这些企业根本没有能力建立完整的合规体系，对于企业管理的改善上可能并没有效果，容易走过场；另一方面，这些企业本身的价值对于企业主来说并不高，甚至可以另外再成立一家企业，合规整改效果的持续性无法保证。因此，检察机关如何精准启动合规程序影响检察监管作用的发挥和合规整改的真实有效。

三是关于提升检察机关监管涉案企业合规整改的专业性问题。检察机关对于刑事案件的事实认定和法律适用是专业的，但是对于引发刑事犯罪的企业内部管理问题、生产经营问题是“业余”的。以环保案件为例，对于一些环评标准、防治措施，检察机关是“门外汉”，且不是短时间就能达到专业水平的。因此，由检察机关主导企业合规整改，容易出现“外行人指导内行人”的尴尬情形，并且对整改内容的“不精通”可能导致检察机关作出的刑事处理结果失之偏颇。因此，如何提升合规监督的专业性以及合规处理结果的妥当性是检察机关要重点关注和思考的问题。

三、企业合规有效性监管的内容

在涉案企业合规工作开展过程中，检察机关主导作用和主导责任贯穿于始终。检察机关对企业合规有效性监管的内容可以分为事前监管、事中监管和事后监管。

事前监管是指检察机关对第三方专业人员库形成的监管，包括形式的监管和实质的监管。形式的监管主要是库成员的选任程序是否公开、公平、公正，如专业人员入库后是否通过主要媒体或者其他网络媒介进行公示等；实质的监管则主要是审查专业人员是否实质符合专业人员库的要求、是否涵盖了涉企犯罪的主要方面等。另外，专业人员库是否及时更新、轮换等同样是检察机关监管方面。

事中监管是指涉案企业合规程序启动后，对第三方组织的组成、企业合规计划设计、执行和结果的监管。第三方组织组成方面，按照《指导意见》的规定，检察机关依法对第三方组织组成人员名单进行备案审查，如若发现组成人员存在明显不适当情形的，应及时提出意见及建议。同时，也应进行程序监督，主要是第三方组织组成人员是否按照一定的方法进行随机抽取、是否选任后进行公示等。企业合规计划设计、执行、结果监管方面，按照《指导意见》的规定，检察机关对涉案企业合规计划、定期书面报告进行审查，向第三方组织提出意见建议。值得注意的是，因检察机关并非企业管理方面的专业机关，在企业合规计划和定期书面报告的审查方面，应当以防止或者降低涉案企业再犯可能性为原则，结合企业合规必备的方面进行以形式审查为主的监管。在合规计划结果监管方面，采用召开公开听证会，听取侦查机关、涉案企业及其辩护人、第三方组织、其他专业人员，以及人大代表、政协委员、人民监督员等的意见，必要时可以进行调查核实，开展以实质审查为主的监管。

事后监管一方面体现在对整改完成并获得刑事处理后的企业是否持续落实合规计划方面进行监管，以确保合规整改真实有效持续地在企业经营过程中发挥作用，去除企业刑事风险。另一方面体现在对诉讼程序完结的涉案企业合规案件进行复查，以保证之前的企业合规程序公正，合规评估结果客观公正。涉案企业合规制度中的巡回检查小组可以定期或者不定期，对一段时间内的合规案件进行复查，也可由上一级检察机关进行复查。

当然，按照《指导意见》的相关规定，检察机关依法办理涉案企业、个人及其辩护人、诉讼代理人或者其他相关单位、人员在第三方机制运行期间提出的申诉、控告或者有关申请、要求是贯穿于涉案企业合规建设始终的监管内容。

四、增强企业合规有效性监管的建议

（一）提高合规程序启动的公正性和精准性

合规程序的启动是合规工作的第一道环节，目前，主要由检察机关主导。为确保合规程序启动的公正性和精准性，建议在检察机关主导的前提下，可以听取侦查机关、涉案企业及人员、辩护人、专业人员及其他人员的意见。对于一些重罪案件，在是否启动的问题上，还可听取法院的意见。另外，对于启动的范围和标准还需进一步细化，一方面要防止企业合规制度沦为规避刑事处罚的工具，避免对一些根本没有必要和价值启动企业合规程序的企业开展合规工作，节约社会资源；另一方面要注意类案平衡，防止在类案企业之间引发公正与否的质疑。关于启动范围和标准，可以从企业经营效益、前景规划、规模大小、人员多少等方面量化，但也要为一些特殊案件留有余地。对于一些不符合启动合规程序的企业，可以通过检察建议或者企业自行整改防范刑事法律风险。在作出检察决定时，涉案企业的整改效果也可在一定程度上予以考虑。

（二）增强合规整改过程中监管方式的多样性

一般的合规整改考察方式是提前告知考察时间，由企业做好汇报准备，并提供书面整改资料，这可能会导致企业在考察时和非考察时的不同合规表现，影响整改的真实性、有效性。检察机关应联合第三方组织针对不同行业类型、不同犯罪类型的企业，确定多样化的考察监管方式。例如，针对涉嫌污染环境犯罪的企业，可以在整改阶段，邀请环保部门在不提前告知的情况下，对相关环境指标进行抽查检测；对于一些因企业内部的管理漏洞导致的犯罪行为，可以在整改阶段，随机挑选员工进行调查等，通过多样化的突击式考察，来确保合规监管的有效性。

（三）完善合规工作结束后的跟踪回访机制

检察机关设计涉案企业合规制度的初衷是保障企业健康发展，维护社会经济稳定，因此，对于企业而言，合规工作不是一段时间内的，而是需持续落实的。如何保证合规整改效果的长效性，避免合规制度沦为求得刑事减免的工具，建立跟踪回访机制必不可少。检察机关应主导事后跟踪回访，建立包含跟踪回访主体、跟踪回访时间、跟踪回访内容、合规成果未沿用的惩戒等内容在内的机制，真正确保合规整改的实效性。

（四）引入再犯从重机制

要使合规整改发挥实效，确保企业不再重犯，就需要引入再犯从重机制。所谓再犯从重，是指涉案企业在合规整改到位获得从轻处理后，再次实施同种类型的违法犯罪行为，则针对后次的违法犯罪行为，无论是行政机关还是司法机关，都可以从重处罚。对此可以规定详细的从重处罚方式和幅度，增加企业再犯成本，促进合规整改有效。

（五）细化第三方组织工作责任机制

合规整改的专业性决定了检察机关不可能单独完成这项工作，整改的真实性、有效性主要依赖于第三方组织尽职尽责的考察、监督和评估，因此确保第三方组织公平公正负责的履职是检察机关主导责任的应有之义。第三方监督员的专业性决定着合规的专业性，第三方组织工作机制应当细化第三方监督员的准入、选取、考评、退出等机制。例如，在准入方面，可以由第三方组织详细设置准入的门槛或以考核形式筛选监督员；在选取方面，可以将监督员按照职业领域进行分类，针对不同类型的案件，在相关的职业领域里面随机抽选；在考评方面，建立自评和他评机制、市级不同区域案件互查、轮查、回访机制、年度评奖机制等；在退出方面，设置依申请或依职权两种方式，在考评的基础上科学设置退出机制。

检察实务

刑事诉讼检察工作中诉源治理路径探析

魏 震*

摘要:在刑事诉讼检察工作中开展诉源治理,可以通过卷宗材料、向群众了解、类案分析等方法找准纠纷矛盾的源头。综合运用检调对接、检察建议、法治宣讲等方式开展诉源治理;并通过探索设立诉源治理专门机构或人员、完善内部衔接制度、建立科学考核指标,以及健全诉源治理立法等方式实现对诉源治理的综合保障。

关键词:诉源治理　检调对接　检察建议　法治宣讲　诉源治理立法

习近平总书记强调,“坚持把非诉讼纠纷解决机制挺在前面,从源头上减少诉讼增量”。① 诉源治理的概念由此提出。由此可知,所谓“诉源”应指“诉讼的源头”。正如有学者指出的:诉源治理中的“源”指向的是源头治理,是对纠纷进行的彻底整治或消解,这应当是诉源治理的根本目的。② 实践中,还有“溯源治理”的概念,从词源学视角进行分析,“溯源治理”更趋向于全面、深层的社会治理,与诉源治理略有差异,却无不体现了司法机关深度融入社会治理的责任担当。③ 从检察视角出发,“四大检察”中无不蕴含了诉源治理的必要性和可能性,其中既有共通之处,又有各自特点。本文拟从刑事诉讼检察角度,探索诉源治理中存在的问题和解决路径。

---

* 魏震,江苏省灌南县人民检察院党组书记、检察长。

① 本报评论员:《把非诉讼纠纷解决机制挺在前面》,载《人民法院报》2023 年 8 月 18 日,第 1 版。

② 参见姬亚平、燕晓婕:《检察机关参与行政争议诉源治理的理据与工作机理》,载《人民检察》2021 年第 15 期。

③ 参见薛永毅:《彰显融入社会治理责任担当》,载《检察日报》2022 年 7 月 28 日,第 3 版。

一、诉源治理中“源”的确定

既然要求诉源治理，那么查清源头在哪，争议的内容为何自然是应有之义。这一过程固然和刑事诉讼中的事实审查密切相关，但又不能完全等同，有必要加以厘清。

首先，“源”的内容在刑事诉讼卷宗材料中必然有所体现。通过犯罪嫌疑人的供述、被害人陈述以及证人证言，可以较为直观地了解“源”的产生、发展直至转变为剧烈冲突的过程。如故意伤害案中，在暴力冲突前产生纠纷的原因、围绕纠纷涉案人员的行为表现均是“源”的基本组成要素。

其次，“源”的内容往往不能在刑事诉讼卷宗材料中完全体现。当下的法律文书，如起诉意见书、起诉书、判决书中，在确认事实过程中常见“因琐事”“因邻里纠纷”“素有不合”等高度概括表述，未能详细描述纠纷产生的具体原因。造成这一现象有主客观两方面因素。从主观上分析，侦、诉、审人员认为一些纠纷产生的根源并非犯罪构成关联事实，对于案件定罪量刑影响不大，因而重视不足，未予充分取证。从客观上分析，一些案件中的纠纷或因时间久远，或因事发突然，缺少知情者，在双方各执一词的情况下难以查清。

再次，了解“源”内容的方式和刑事案件取证方式不能完全等同。刑事案件中对于证据的要求是确实、充分，有着严格的法定程序，并以笔录、鉴定等形式外在显示。诉源治理中，掌握“源”的内容服务于治理——即预防纠纷、化解矛盾这一根本目的，必然与以追责为目的的刑事诉讼有明显不同。以社会治理的成功典范“枫桥经验”为例，其在了解纠纷和化解矛盾过程中充分依靠群众，本质上凸显了群众路线。诉源治理既有诉讼的要素，也有治理的要求，同样离不开群众路线。因此，在了解“源”的内容过程中，完全可以和矛盾方、知情人灵活采取口头沟通方式，做到心中有数。甚至在各执一词确实难以查清的情况下，也未必需要强行要求矛盾各方给出确定答案，只需以“难得糊涂”的智慧，准确把握各方心态和要求，为治理打下基础即可。

最后，进行类案分析是确定“源”的重要途径。如果说前述三条均是围绕个案在查找源头的话，那么对相似的类案进行科学分析，从社会面角度找出可能影响社会安定的“源”，继而进行预防、治理，则是刑事诉讼中诉源治理的重要途径和更高要求。例如，对多个开设赌场案进行分析，研判设立赌场的地点特征、易发的时间段、参与赌博的人员特征等，找出类似行为的规律性，从而有针对性开展法治宣讲、区域预防、重点打击等措施，实现治理的目的。

二、诉源治理的方式

（一）检调对接

检调对接工作已实施多年，其初衷是化解个案，尤其是交通肇事、轻伤害等轻微刑事案件中的矛盾。在明确诉源治理的工作要求后，检调对接因其在检察办案中化解矛盾的特有功能和有效实践,成为诉源治理的重要组成部分。随着对检调对接制度理解的逐步深入以及诉源治理新的更高要求,应从以下几方面着手,以期取得更加良好的调解效果。

第一,设置独立于办案部门的调解人员或调解团队。检调对接推行伊始,多数检察机关虽在物理空间上保障了调解的独立性,但在人员上仍以办案人员为主进行调解,效果不佳。究其原因,一方面,刑事诉讼规律和调解规律大有不同,前者要求对证据确实充分的认定、严谨的逻辑推理和严格依法决断,而后者更多强调良好的沟通、对心理活动的细腻把握以及双方利益的平衡。一个好的办案者并不当然是一个好的调解者,让已经具备刑事诉讼思维的办案者再兼顾调解思维,并非易事,不具普遍可操作性。另一方面,刑事办案人员通常面临案件的压力,精力和时间有限,而调解通常会花费大量时间,办案和调解二者不可得兼。由此,在笔者看来,独立的调解人员或团队是提升调解效果的基础条件。

第二,培养高素质的专业调解人才。调解是我国社会综合治理过程中运用广泛、成效明显的方法,但调解的专业化罕见体系化的培养机制,大多是在丰富的调解实践中总结摸索出来的。检察机关的调解工作起步较晚,且有一定的自身需求特点,但总体上调解人才和政府、司法以及社会调解力量在能力要求上是相通的,完全可以借鉴和学习。一是了解刑事检察办案常识,对各个诉讼阶段和办案程序熟悉,对调解成功与否可能产生的后果明晰;二是有认真的态度、为民的热情、较为丰富的社会经验等良好个人品质;三是具备充足的时间、专门的场所、配套的人员等客观条件。综合上述条件,不少检察机关安排或招聘刚刚退二线或退休的司法机关人员专门从事调解工作不失为一个好的选择。

第三,摸索和把握检调对接技巧和规律。检调对接初始阶段,尚未全面真正认识调解在社会治理中的重要作用,存在"调而不成即诉"的做法,调解的耐心和精细度有限。现阶段,调解的重要性越来越被检察机关认识,成功的范例也越来越多,从中可以提炼出具有普遍适用性的技巧和规律。一是纠纷双方的对立情绪和诉求差异随着时间推移而降低的概率较大,这要求破除"毕其功于一役"的粗放思维,将用心、用情的多次、反复调解视为基本工作要求。二是掌握灵活多样的调解方法。综合运用天理、国法、人情进行沟通和引导,以和当事人"单方谈"形式增进情感共鸣,增强人际信任;以"双方谈"形式舒缓情绪对抗,减小诉求分歧。尊重矛盾双方对细节的要求,如谈话、调解的地点、时间,参与调解的人员等条件均可视情满足。三是充分利用好检察终局决定。刑事诉讼中的检察终局决定,如捕或不捕、诉或不诉会对当事人利益产生很大影响,直接造成当事人心理的变化,敏锐把握这一变化,是成功实现检调对接的契机。要利用好这一契机,既要合法,也要合情。从合法角度讲,要依法告知当事人检察终局决定的内容及产生的法律效果,全面释明诉讼如继续进行可能产生的结果和变化,并给予当事人充分时间考虑法律效果。在终局决定作出的时间上,笔者认为,应予充分考量,一般应在充分释法说理、当事人对抗情绪有所松动时予以作出，以达到最终和解的目的。如轻易作出终局决定，则可能产生检察机关已经无计可施，而源头矛盾并未化解的结果。从合情角度讲，应充分利用终局决定可能造成的法律威慑和感化，对双方当事人的利益进行最大平衡。如侵害方拒不赔偿的，可加大其本身要负的法律后果以及对被害方困境的强调；如被害方拒绝调解的，可加大调解双赢、斗则俱伤的强调。

第四，利用好丰富的助力手段。这一点实则也是检调对接方法和技巧的具体组成部分，但其和其他检察工作密切相关，且在实践中发挥重要作用，将其独立论述实有必要。检调对接并非意味着检察机关的单打独斗，而是以检察机关为主导，联合社会各方力量化解矛盾。如邀请当事人的“长者”、所在地区的“贤者”，以及居民自治组织、行政主管部门、司法机关联合化解矛盾，有助于舒通当事人“咽不下的气”，打开心中“解不开的结”，解决长时间没人理会的困难。检察听证、司法救助就是非常有效的手段。检察听证的本质就是围绕矛盾焦点，让社会各界人士发表意见，以社会力量强化对当事人的说服，扭转原有的执念。如果说检察机关作为单方力量仍不足以让当事人彻底信任并接受矛盾化解的话，社会各界的一致意见必然会加强对当事人的心理影响，动摇其原有固执观点或要求，从而推动矛盾源头化解。司法救助的本质则在于解决被求助者的困难。当加害者一方因为各种主客观原因无法对受害者进行赔偿，受害者陷入生活窘境时，无论进行如何的言辞安抚与疏导作用都是有限的，而司法救助正是解决受害者燃眉之急，创造矛盾化解的基础条件。其意义不仅在于经济上让受害者暂渡难关，更是在于使其心理上感受司法温度，钝化由于加害行为给其带来的痛苦，实现纠纷的可控制可化解。因此，作为近年来检察机关大力推进的公开听证和司法救助两项工作，正是基于社会综合治理的客观需求而产生，做好这两项工作无疑对检察机关推进诉源治理产生巨大作用。

（二）检察建议

自最高人民检察院（以下简称最高检）制发 1—8 号检察建议后，检察建议在全社会的影响力与日俱增。检察机关通过个案办理，或通过类型化案件研判，将发现的特定行业、特定领域、特定区域中存在的问题及检察机关建议以书面化形式送达有关单位、主管部门，并督促协助解决问题，成为检察诉源治理的重要方法。在刑事诉讼检察中亦是如此。不可忽视的是，检察建议虽然成为检察机关监督履职的重要方法，但从这一名称不难看出，其性质上仍属于“建议”。如何在刑事诉讼实践中保障监督的“刚性”，让发现的问题得到彻底解决，成为诉源治理的关键所在。笔者从检察工作要求和实践中，总结出以下四个要点。

第一，提升检察建议送达的仪式感。检察建议效果不佳的重要原因之一源于接收单位重视不够。让检察机关领导乃至一把手检察长将检察建议送达接收单位领导层，将两个单位下属部门的对接直接提升为领导层的对接，毫无疑问会增强接收单位的重视度。尤其检察机关还可以利用送达机会，针对检察建议制发的背景、目的、过程、意义作出简要阐述,强调检察监督和服务大局的密切关联,最大限度争取接收单位支持,合力解决实际问题,完成好诉源治理。

第二,强化跟进意识。从既有实践出发,检察建议是否取得成效一般以被建议单位是否书面向检察机关回复,认可建议内容并予以整改为标准。但这一标准并不完全妥当,因为存在虽有书面回复但没有实际整改的情况。为此,检察机关不能满足于“文来文往”,更要结合对方的回复内容,进行“人来人往”地跟进检查监督,把问题是否得到真正解决作为评判检察建议效果的唯一标准,这需要检察人员亲力亲为,得到第一手资料,而非简单的书面信息。例如,针对“校园周边环境混乱,影响未成年人安全”的检察建议,就应多次实地到校园周围调查走访,随机询问孩子、老师及家长,直观感受环境状况,以确定建议提出的问题是否得到切实解决。

第三,增强监督能力。以检察建议方式进行诉源治理,本质上是检察机关履行监督职能。监督的内容涉及社会各行各业以及生活的方方面面,对检察人员的监督能力提出了很高要求。检察机关不仅要坚守传统的业务阵地,还要围绕环境资源、教育、医疗、建筑、交通等众多涉及国计民生的领域,深入学习相关法律法规和政策要求,了解其中的专业知识。从这个层面上看,要求检察人员是知识上的“杂家”,通过结合实践学、专题集中学、向专家学、自主学等方式,保持知识上的持续更新。唯有如此,才能提高监督的敏锐性、针对性,以较高的监督能力保证监督的最大效果。

第四,形成监督合力。检察监督是我国监督体系中的重要组成部分,与其他监督力量相比,虽然在监督主体、监督方式、监督效果等方面有所区别,但在本质上都是服务国家大局,保障人民利益,当然可以也应该形成监督的合力,由此达到化解纠纷、从根源治理的目的。比如,检察机关为了化解故意伤害案中两位村民间的矛盾,固然可以通过自身努力完成,当然也可以与对情况更了解、对当事人更熟悉的村委会共同完成。当前,检察机关提出将人大代表建议、政协委员提案与检察建议相互转换的工作思路,则是在更高层面上整合提升监督力量。三个机关各有不同类型的监督职能,实践中都取得了不错的监督效果,但都还存在一定问题。如多头监督的社会效率未达最优,监督的刚性各有欠缺,监督的方式较为单一。将代表建议、委员提案和检察建议相互转换,本质上就是对监督事项的共同监督,加强了监督力量,避免了重复监督,更有可能达到最好监督效果。例如,政协委员通过调研发现了潜在的食品安全问题,虽然提案可按法定程序交职能部门落实,但缺少刚性,不能确保落实效果。转化为检察建议后,由检察机关共同参与监督,增强了监督力量,实现民主协商和法定监督双重发力,使在源头上消灭涉食品安全的刑事诉讼风险更具可能。另外,检察建议如能转换为政协提案,意味着相关内容可以形成社会各界更为广泛的共识,使被建议单位更为重视和迅速落实,达到办案效果的最大化。

（三）法治宣讲

诉源治理的个案模式是根据个体诉讼找到源头，治理源头，实现案结事了。但更为理想的状态是，根据已经发生的类型化刑事诉讼，找到源头，治理源头，使类似案件不再发生，实现刑事诉讼在社会面的预防功能。要实现此功能，进行法治宣讲防患于未然则必不可少。党的十八届四中全会通过的《中共中央关于全面推进依法治国若干重大问题的决定》明确指出，实行国家机关"谁执法谁普法"的普法责任制。当前检察机关的普法宣传仍然存在视角不够宽阔、主动性不足、针对性不强等问题。具体而言，对上级要求的专项法治宣讲，如围绕未成年人保护进行的宣讲有声有色，覆盖面广，持续时间长，效果良好。在刑事诉讼中发现问题后主动进行的有针对性地宣讲则甚少，达不到有效预防治理的目的。如某地区公职人员醉酒驾驶的案件高发，则应在梳理案件数据后考虑在醉驾人员较多的单位、行业、乡镇等开展专项宣讲，防止类似情况再发生。又如，针对开设赌场案件多发情况，可以梳理开设赌场易发的时间、地点、参赌人员特征，在特定区域、特定时间段、针对特定人群开展法治宣讲，以期取得更好效果。作为诉源治理的重要组成部分，法治宣讲在"治未病"层面起着不可或缺的作用。对于检察机关而言，其已经不是可有可无的"弹性"工作，而是实打实的硬任务，应该根据本地实际，扩大宣讲人员范围，明确宣讲的目的性，真正发挥宣讲在诉源治理中的功效。

三、诉源治理的综合保障

相比于传统的刑事检察工作，诉源治理工作提出了新理念，明确了新要求，蕴含了新内容，客观上给刑检人员造成冲击和不适应实属正常。这一方面要求检察人员个体迅速转变理念，培养新的工作能力以适应各种新变化；另一方面应对现行刑事检察工作模式进行思考，从组织架构、制度完善、科学考核等方面作出回应，甚至包括对健全立法提出建议。

（一）探索设立诉源治理专门机构或人员

党中央提出诉源治理要求后，最高检部署落实有力，持续推进该项工作。各级检察机关也均花费时间精力，将其作为重点工作抓好落实。诉源治理已经成为检察工作重要组成部分，设立专门机构或人员与之重要性相匹配。但从现在由办案人员承担诉源治理工作的模式来看，存在以下弊端：一是办案人员始终会把案件质量放在首位，在时间精力有限的前提下，诉源治理工作得不到应有重视。二是诉源治理有其自身规律和能力要求，如需要耐心细致的思想工作，灵活的工作方式，借助外力形成治理合力等，客观上治理周期较长。这与办理案件过程中严格遵守程序、不得突破法定期限等法律和工作要求时有冲突，检察人员难以兼顾。三是办案人员进行诉源治理，只能依托个人所办理的案件各自为战，对于类案源头的分析不足。想要克服上述弊端，让专门人员从事诉源治理不失为首要选择。因其可以专心于该项工作，不会陷入办案和治理的思维冲突，且经过实践积累也更容易提高诉源治理能力,在工作成效评价上也更集中直观。考虑到机构的新设涉及审批周期长难度大的现实,让专门人员从事诉源治理工作是优先的有益尝试。

(二)完善内部衔接整体推进制度

诉源治理是整个检察机关的重要工作,不是某个部门或个人的工作,在不同部门、人员间建立完善的衔接沟通、信息共享、流转反馈、协同推进等机制,充分发挥检察一体化优势,是做好诉源治理工作的内部制度基础。例如,办理拒不执行判决裁定案件中发现拖欠弱势群体工资的,可将线索移交至民事检察部门,以开展可能进行的支持起诉工作;办理环境污染案件中发现行政主管部门不作为的,可移送至公益诉讼检察部门,以推动可能进行的公益诉讼。总之,检察一体化推进诉源治理是检察工作发展趋势,其中内部的制度设计并不困难,难点在于如何不断增进全体检察干警诉源治理的思维理念,克服部门利益的壁垒,将制度执行到位,形成一体推进的良好态势。

(三)科学考核有效引导

考核向来是工作的指挥棒,但如何科学考核一直是实践的难点。检察机关结合工作重心的变化,对具体考核指标每年均进行优化调整,引导工作方向,实际效果良好。围绕诉源治理的考核,有以下三个方面值得关注:一是由于诉源治理工作部署相对较晚,目前尚没有建立完整的考核体系,直接影响了检察人员对这项工作的重视程度和落实力度,产生该项工作并非检察核心工作的错误认识。因此,迅速建立起考核体系是当务之急。二是从诉源治理工作特性看,工作开展和效果取得往往有一定的时间差,且难以用具体数字予以量化,考核的方法要科学研判。笔者认为,这一考核宜突出效果导向,以党委肯定、典型案(事)例、媒体正面宣传报道、经验交流等形式予以展现,分类别、按层级设置分值,并在实践中不断调整。三是注意对冲突指标进行优化。诉源治理需要较长时间才能做好源头纠纷的化解工作,这与“案件比”“案时比”等考核指标在一定情形下会产生矛盾。实则这些指标均为提升办案质效而设,本质上是统一的,但在具体考核中要注重精细化区分,不能搞“一刀切”,否则极易挫伤检察人员对诉源治理工作的积极性。

(四)健全诉源治理立法

目前,诉源治理尚未在立法层面予以展开。因此,有学者提出或制定专门性的《矛盾纠纷多元化解促进法》,形成全国性的统一立法规范;或制定综合性的《社会综合治理法》,将多元化解纠纷机制纳入社会综合治理法制大框架内,[①]均不失为良策。但从刑事诉讼中诉源治理角度,笔者建议,在刑事诉讼法中写入诉源治理相关条款,并与上述诉源治理的专门立法相衔接。因为刑事司法界非常依赖成文规定,在刑事诉讼法中对诉源治理进行明确法律规制,对提升诉源治理工作的执行力,并视之为刑事诉讼工作中不可或缺的组成部分将产生积极推动作用。

---

① 参见徐楠轩、陶丽琴:《电子商务领域诉源治理机制的反思与重构》,载《法律适用》2021 年第 2 期。

关于刑事从业禁止制度的完善建议

陈　琳*

摘要:《中华人民共和国刑法修正案(九)》确立了我国的刑事从业禁止制度,但在司法实践中具体适用该制度时存在从业禁止适用的范围大小不一、刑罚条件有争议、裁量标准不明确、"从其规定"的适用不统一及执行与监管不力等问题,症结在于有关该制度的法律规定模糊与配套制度欠缺,可从明确从业禁止的法律性质、制定相应的司法解释、健全相关的配套制度三个方面予以完善。

关键词:从业禁止　保安处分　职业　刑罚

2015年,《中华人民共和国刑法修正案(九)》确立了刑事从业禁止制度。刑事从业禁止制度的设立,补充了现有的刑事制裁措施,也弥补了其他法律、行政法规中从业禁止规定的不足,对维护社会治安秩序、预防再犯罪发挥了作用。但在司法实践中亦存在一些问题,需要进一步研究与探讨。

一、司法实践中存在的主要问题

(一)从业禁止的范围不一

《刑法》第37条之一第1款规定,因利用职业便利实施犯罪,或者实施违背职业要求的特定义务的犯罪而被判处刑罚的,人民法院可以根据犯罪情况和预防再犯罪的需要,禁止其自刑罚执行完毕之日或者假释之日起从事相关职业,期限为3年至5年。由于"相关职业"的不明确使各地法院在禁止犯罪分子未来从事的职业上存在难度,出现了同类犯罪而禁止的范围不同的情况。如对猥亵未成年学生的教师,有的被禁止从事教育教学工作,有的被禁止从事密切接触未成年人的职业等,禁止从业的范围大小不一。

---

*　陈琳,江苏省南京市人民检察院第八检察部副主任。

(二)从业禁止适用的刑罚条件各异

法条规定“禁止其自刑罚执行完毕之日或者假释之日起从事相关职业”,但对被判处拘役或有期徒刑并适用缓刑的被告人能否适用从业禁止,因各地法院对法条的解读不同,判决也就多样化了。部分法院对适用缓刑的罪犯同时明确禁止令和从业禁止,部分法院对适用缓刑的罪犯仅判决了禁止令,未判决从业禁止,部分法院对适用缓刑的罪犯判决适用从业禁止。对于判决从业禁止的这部分案件,各地法院在处理方式上亦有不同,一些法院判决上载明缓刑考验期满或刑罚执行完毕之日起从业禁止,一些法院判决上仅载明刑罚执行完毕之日起从业禁止。对于缓刑考验期满的理解没有分歧,但对于刑罚执行完毕又会有不同的理解,有一些法院认为缓刑考验期满后再执行从业禁止,还有一些法院认为缓刑考验期满后因原判的有期徒刑不再执行,故从业禁止不再执行。

(三)从业禁止的裁量标准不明确

刑法条文对从业禁止的裁量标准表述为“根据犯罪情况和预防再犯罪的需要”,我们从条文可以判断出其隐含的内在标准为:首先要判断被告人的犯罪行为与相关职业行为的关联度,有关联的才能适用从业禁止制度,然后是以被告人行为的社会危害性、类似行为再犯的可能性为依据来确定从业禁止的年限。从中国裁判文书网公开的判决书看,鲜有裁判文书就被告人是否具有再犯罪的可能性、再犯罪可能性的大小等方面进行释法说理。

(四)“从其规定”的适用不统一

《刑法》第 37 条之一第 3 款的“从其规定”,确定了从业禁止的适用规则。在司法实践中又出现了三种情况:第一种情况是法院在判决时未对被告人适用刑事从业禁止,第二种情况是法院在判决时直接援引相关法律、行政法规的规定并按照规定的内容和期限进行判决,第三种情况是法院直接根据《刑法》规定,对被告人判处刑事从业禁止,判决书不提及其他法律、行政法规等规定。上述三种对于“从其规定”的不同做法,有损法律的尊严和统一,也无法实现刑事从业禁止制度的价值。

(五)从业禁止的执行与监管不力

根据《刑法》的规定,对于违反人民法院从业禁止规定的,公安机关依法给予处罚;情节严重的,构成拒不执行法院判决、裁定罪。经查询中国裁判文书网,目前从业禁止主要适用于两类人群:第一类是食药领域的生产者和销售者,第二类是从事教育教学的人员。也就是说,目前适用从业禁止的领域主要在国家能够进行管控的或有行业协会代为监管的职业,这显然与立法者的意图相偏离,而对于国家不能有效进行管控或缺乏行业监管的职业,如家政、收银、物流配送等利用职业便利实施犯罪的人员有从业禁止的必要而没有决定从业禁止。对于被决定从业禁止的人员,因社会经济发展、人员流动增强等种种原因,其是否遵守该禁止规定也难以核实,即使查实有违反规定的,公安机关也缺乏具体的法律依据对其进行行政处罚。此外,何为“情节严重”,也没有明确规定。

二、产生问题的原因

(一)法律规定模糊

《刑法》第37条之一第1款表述简要,没有明确"职业便利"和"违背职业要求的特定义务"的具体内涵,而社会职业又品类繁多,难以对犯罪分子的犯罪行为进行职业关联性分析;缺乏从业禁止适用的刑罚条件规定,法条未明确"被判处刑罚"中的"刑罚"是何种刑事处罚,是否包括缓刑等,进而影响对"刑罚执行完毕"的理解与适用;在与其他法律、行政法规衔接时简单表述为"从其规定",是直接适用"其他法律、行政法规"的规定,还是同时适用,抑或优先适用,均未明确,这种模糊的表述,必然造成在司法实践中不统一的情况。

(二)配套制度欠缺

《刑法》第37条之一第3款虽然涉及公安机关和法院两个主体,但并未明确规定监管从业禁止的执行主体,而法院负责执行罚金刑等财产刑、公安机关负责执行剥夺政治权利等资格刑、社区矫正机构负责执行社区矫正等均有法律的明确规定;虽然在刑事诉讼中,侦查机关和检察机关对于案件的办理起着推动作用,但法律未明确侦查机关、检察机关提出适用从业禁止的意见或建议时是否需要提供相应的证据材料;不同部门法的法律实施主体即行政部门与司法部门之间缺乏相应的配合及衔接措施。

三、完善从业禁止的建议

(一)明确从业禁止的法律性质

对法律性质看法不一,势必会影响适用的效果。笔者认为,应明确刑事从业禁止系保安处分。保安处分是着眼于行为人所具有的危险性格,为了保持社会治安,同时以改善行为人为目的,从而施行的一种国家处分。国家对侵害社会的犯罪行为判处一定的刑罚,期待抑制犯罪和矫正犯罪人。但侵害社会的行为并非都是犯罪,而且对犯罪也不能仅依靠刑罚来实现抑制和矫正。例如,对无责任能力人的行为,不管其行为具有多么严重的危险性,也只能在刑罚的范围外处理,因而对刑罚起到补充作用的保安处分就是必要的。[①] 目前我国并无保安处分的规定,但我国的法律有体现保安处分功能的措施,如专门矫治教育、强制医疗、禁止令等。学界通说认为,保安处分与刑罚是两者本质不同的处分(二元主义)。[②] 虽然刑罚与保安处分均以存在犯罪行为为前提,但是,刑罚是以责任为根据的,是对犯罪行为的制裁,以报应为本质,以痛苦或者恶害为其本质内容,将一般预防作为首要目的;保安处分是以行为人实施犯罪的危险性为根据的,是对再犯的预防,以隔离、改善为本质,追求的只是特殊预防目的。因此不难看出,从业禁止与保安处分的性

---

① 参见张明楷:《刑法学》,法律出版社2021年版,第819页。

② 参见张明楷:《刑法学》,法律出版社2021年版,第819页。

质是相同的。

（二）制定相应的司法解释

可参考法律规定不明确时其他问题的解决办法，即由相关部门单独或联合出台司法解释。司法解释出台程序相对简单，推行效率高，法官适用时更易判断操作。2022年11月，最高人民法院、最高人民检察院、教育部联合下发了《关于落实从业禁止制度的意见》，对教师员工落实从业禁止制度作了规定，但该意见仅适用于教育行业，与《刑法》规定的从业禁止要求还有一定的距离，笔者建议，从以下几个方面出台相应的司法解释：

1. 明确"职业便利"和"职业要求的特定义务"的具体内涵。首先，要对职业便利进行界定，着眼于从事该特定职业而形成的与职业内容相关的便利条件，而对于各个特定职业的内容则应以《中华人民共和国职业分类大典》为基础，结合法官的专业知识与社会一般认识进行判断。其次，明确职业要求的特定义务的内容，也就是区别于不同行业间以及行业内不同职业所共同要求的一般义务。[①] 2022年版《中华人民共和国职业分类大典》，将职业分为8个大类，79个中类，449个小类，1636个细类职业，与2015年版相比，中类增加4个，小类增加15个，细类增加155个。但其中只有少数职业如公务员、教师、律师等有相应的法律、行政法规对其特定义务进行了规定，绝大多数职业没有相应的规定。因此，笔者认为，在确定特定义务时，必须基于职业的特点，如幼儿园的老师，应认定其有认真照看幼儿的特定义务，换言之，违反特定义务的行为与其侵害的法益之间必须要有关联性。

2. 明确"被判处刑罚"的具体刑罚种类。就主刑而言，关于判处拘役、有期徒刑、无期徒刑能否适用，大家没有争议，而死刑立即执行和在缓刑考验期内故意犯罪被执行死刑的死缓，也没有讨论的必要，但对于缓刑考验期内没有故意犯罪两年期满减为无期徒刑，或者最终减为有期徒刑的，笔者认为，还是有适用的必要，否则会造成有期徒刑、无期徒刑适用从业禁止，而罪行更重的死缓减为无期徒刑或有期徒刑时反而不能适用，这也是有违常理的。此外，管制期间可以宣布禁止令，与适用从业禁止并不矛盾。附加刑可以附加适用，也可以独立适用。如果是附加适用，就没有讨论的必要，而独立适用则不能包含在该处的"刑罚"之中。首先看驱逐出境，被驱逐出境就没有在我国再犯的可能，故没有适用的必要。单处罚金可能存在分期缴纳、延期缴纳等情况，其结束时间不确定，不宜适用。根据《刑法》第54条的规定，剥夺政治权利就是对担任国家机关职务、国有公司、企业、事业单位和人民团体领导职务的权利的剥夺，无须再适用从业禁止。没收财产只能是并处的模式，也就是附加适用，不会独立适用。

需要讨论的是被适用缓刑的犯罪分子是否适用从业禁止。根据法律规定，如果没有出现法定的情形，缓刑考验期满，刑罚不再执行。由此便有有学者认为，既然刑罚不再执

① 参见刘刚：《我国刑法中职业禁止制度探究》，载《法制博览》2018年第22期。

行，那么宣告缓刑的不再适用从业禁止。虽然《刑法》第 78 条没有规定适用缓刑的可以减刑，但根据《最高人民法院关于办理减刑、假释案件具体应用法律的规定》第 18 条的规定，缓刑考验期间有重大立功表现的，可以参照《刑法》第 78 条的规定予以减刑，同时应当依法缩减其缓刑考验期。只有在刑罚执行的过程中才有减刑的适用，因而缓刑也是一种刑罚执行方式，既然是一种刑罚执行方式，也就存在刑罚执行完毕之日，故对于被判处缓刑的犯罪分子可以适用从业禁止。

3. 确定裁量标准。设立刑事从业禁止制度是为了预防行为人再次实施与前次职业相关的犯罪类似的犯罪。对于行为人是否具有再犯可能性的判断，除了要考虑行为人的犯罪情节、社会危害、手段、方法、犯罪原因、主观恶性等，还要考虑其犯罪后的表现，即是否如实供述犯罪事实、是否认罪认罚、是否积极向被害人赔偿损失、赔礼道歉等，此外，还要对行为人的成长经历、性格特点、道德品质、前科劣迹、经济状况、职业经历等多方面进行综合考量。其中对于前科劣迹的评估主要从前次犯罪是否也是与职业相关的犯罪行为、几次犯罪是否存在共同点等因素进行综合考虑。经过全方位的考量，认为行为人没有再犯罪的可能，可不再对其适用从业禁止。如确定适用从业禁止，对于禁止期限的长短，要充分运用比例原则，即刑事从业禁止的适用与所达的目的之间具有相称性。这就意味着在适用刑事从业禁止时，法官不仅要准确评估犯罪分子的人身危险性，以判断是否需要宣告从业禁止，还要判断消除人身危险性与保障人权、维护社会秩序之间的比例关系，以确定从业禁止的期限长短。

4. 明确"从其规定"的适用规则。参照《关于落实从业禁止制度的意见》，法院在作出从业禁止的判决前，应当充分了解是否有其他法律、行政法规对此类行为的禁止规定或限制规定。如果没有，可以直接依据《刑法》作出从业禁止的判决；如果有，则适用其他法律、行政法规的规定，即如果我国现行法律中有关于行政职业禁止的应优先适用行政职业禁止。法官在进行自由裁量时，要充分运用必要性原则。必要性原则，又称最小侵害原则，它是指如果存在数个可以达到同一目的的手段，则应当选择对公民权利最小侵害者为之。刑事职业禁止适用的必要性包含两个方面：第一，适用职业禁止，足以消除行为人所具有的危险；第二，如果有其他轻缓方法可以消除行为人所具有的危险，就应当适用其他方法，而不能适用刑事职业禁止。①

5. 规范量刑建议权。侦查机关、检察机关的量刑建议权对于规范量刑、强化法律监督等具有重要作用。根据最高人民法院、最高人民检察院、公安部、国家安全部、司法部印发的《关于规范量刑程序若干问题的意见》的规定，侦查机关在移送审查起诉时，可以就从业禁止向人民检察院提出意见，检察机关提起公诉时，可提出从业禁止的建议。故侦查机关、检察机关应依照法定程序，全面收集、审查、移送证明犯罪嫌疑人、被告人有关

① 参见刘剑：《刑事职业禁止司法适用实证研究》，载《刑法论丛》2020 年第 2 期。

是否适用从业禁止的证据;检察机关发现侦查机关应当收集而未收集上述证据的,可以退回侦查机关补充侦查,也可以自行侦查。同时,对于认罪认罚的案件,要适用认罪认罚案件的规定,听取相关诉讼参与人对从业禁止的意见,并对适用从业禁止说明理由。

(三)健全从业禁止配套制度

1. 社会调查机制。可借鉴未成年人社会调查程序,建立职业关联犯罪人社会调查机制,重点调查犯罪人是否初次犯罪、有无前科劣迹、一贯表现、从事相应职业时间的长短、是否真诚认罪、是否悔罪、是否对被害人进行赔偿等反映行为人人格特征的诸多主客观因素,经行为人同意也可进行心理测评。

侦查机关将案件移送起诉时,提出适用从业禁止意见的,需要提供社会调查报告。检察机关提起公诉时建议适用从业禁止的案件,应向法院移送社会调查报告。如果提起公诉时没有建议适用,人民法院拟判决适用从业禁止的,可由人民法院进行社会调查。因上述社会调查报告是判断行为人再犯职业关联犯罪的重要参考,庭审时应作为证据出示并接受控辩双方质证。

社会调查可以由侦查机关、检察机关或人民法院进行,也可以委托社区矫正机构或第三方专业机构进行。

2. 执行监督机制。人民法院作出对被告人从业禁止的决定后,因少有司法部门、行政部门进行监督和管理,是否遵守该从业禁止决定多数情况下全凭被告人的自觉,实践中常常等到再次犯罪时才发现其原来没有遵守从业禁止的裁判。为防止行为人重拾旧业再次犯罪,有必要建立对被从业禁止人的执行案件集中管理模式。考虑到我国社区矫正机构的不断健全和完善,将社区矫正机构作为从业禁止的执行和监督机关能够最大程度节约司法资源。社区矫正机构定期对宣告从业禁止的犯罪行为人进行从业监管,行为人定期到社区矫正中心报告从业情况,并可参照减刑的相关规定,对于表现好的行为人可以减刑,即缩短从业禁止的期限。

人民检察院对上述各环节依法实行法律监督。

3. 建立入职查询制度。以公安机关的“全国违法犯罪人员信息库”为基础,增加从业禁止人员的入职查询模块,录入法院判决从业禁止的内容,在相关单位或个人开展查询时,与前科劣迹的记录同时呈现。

AI 电信网络诈骗犯罪治理困境与破解

吴　斌　李忠卫*

摘要:AI(Artificial Intelligence,人工智能)技术作为新兴技术的代表之一,对推动新时代社会主义市场经济发展和满足民众日益增长的精神文化需求作出了积极贡献。然而,AI 技术被不法分子利用并实施诈骗,令民众财产遭受损失,如何有效治理 AI 电信网络诈骗犯罪成为当下亟待解决的问题。分析 AI 电信网络诈骗犯罪的现状和特点,治理 AI 电信网络诈骗犯罪,可以从完善法律规定、加大打击力度、明确责任认定、提高防范意识等多个路径展开。

关键词:AI 电信网络诈骗　犯罪　治理

AI 技术,作为新一轮科技革命和产业变革的重要驱动力量,为生产力的发展注入新的活力。然而,不法分子却利用 AI 技术实施诈骗,破坏社会主义市场经济秩序的同时,更侵害公民财产权益。

一、AI 电信网络诈骗犯罪的现状和特点

(一)AI 电信网络诈骗犯罪的现状

AI 电信网络诈骗,是犯罪分子利用 AI 技术合成视频、语音等方式进行诈骗的一种新型诈骗。作为电信网络诈骗的最新进化形式,AI 诈骗就像被打开的“潘多拉的魔盒”,以近乎 100% 的犯罪成功率迅速登顶各类犯罪之首。随着微信、QQ、抖音等社交软件使用范围的不断扩大,①加上其非接触式、去中心化、分布式等特点均易被不法分子利用,并将传统诈骗手法与新兴 AI 技术结合,进而严重损害民众的财产权益。

---

* 吴斌,江苏省人民检察院第五检察部检察官助理;李忠卫,江苏省人民检察院第五检察部检察官助理。

① 根据相关社交软件公司 2023 年上半年发布的数据,微信、QQ、抖音的月活用户数分别为 13.19 亿、5.97 亿和 5.18 亿,且均呈现稳中有增趋势。

当下,AI 电信网络诈骗犯罪的形式主要表现为以下几种:一是 AI 换脸。所谓眼见为实,尽管视讯通话在诸多线上联系方式中可信赖度最高,但不法分子通过各种渠道获取到的视频、相片,只要透过 AI 技术,往往可以实现 AI 换脸,将自己伪装为受害人的家人、好友等,骗取受害人信任。二是声音合成。不法分子利用网络、线下或骚扰电话甚至 AI 电话等方式获取特定人声音后,透过 AI 技术对声音素材进行提取、合成,继而用合成的声音实施诈骗。三是剪辑、转发语音。在盗用、入侵受害人社交软件账号后,不法分子通过植入插件等方式,提取社交软件原账户所有人前期发送的语音,进行语音剪辑或转发,以假乱真。四是透过 AI 技术选筛受害人。AI 时代,公众的偏好、公开信息甚至隐私等都可以透过 AI 技术进行分析,为不法分子实现精准诈骗提供便利。

(二)AI 电信网络诈骗犯罪的特点

1. 针对性强。传统电信诈骗犯罪往往以电话、短信、互联网直播等方式"乱枪打鸟",利用人海战术传播诈骗信息,以庞大的人群为基数来寻找、挖掘潜在受害对象,而 AI 技术恰恰为不法分子解决了诈骗对象筛选这一庞大的工作量。透过 AI 技术对互联网大数据的整合、分析,无论受害人的职业特点还是收入水平,甚至受害人的性格特征、人际关系等,都可以被精准"画像",这便使不法分子原本的"广种薄收"进化为"精准下套"。另外,不法分子还可以透过 AI 技术生成受害人熟悉之人的视频、语音等,辅之以针对性的诈骗场景,配合量身定制的完美剧情,受害人往往难以识破这类在 AI 技术助攻下的骗局。例如,2023 年 5 月,福建省某地的受害人王某,与"好友"进行抖音视讯通话,视讯中,"好友"称因埃塞俄比亚局势动荡,亟须购买机票回国,请王某帮助转账 5 万余元人民币至指定账户,王某信以为真,前往银行汇款。

2. 隐蔽性高。当今社会的沟通交流往往无须线下见面就可进行,摆脱了时间和空间束缚。互联网刚兴起时,人们的交流往往通过如 QQ、MSN 等即时通讯软件进行文字对话和发送简单的表情符号,但现如今,各类社交软件装载于每个人的智慧手机中,文字、语音、图片、视讯、表情包等多样化联络形式,已成为民众普遍喜爱的交流方式。由于,不法分子利用了互联网天然具有的去中心化、高度自由、高度开放等特点,无法面对面实施不法活动不再成为不法分子的天然阻隔,跨越传统地理距离的便利为其实施 AI 电信网络诈骗犯罪提供了极大便利。同时,不法分子甚至可以透过 AI 技术在极短时间内打造出若干个虚拟 IP 地址,混淆侦查机关视线,躲避侦查机关侦查。不仅如此,不法分子在犯罪手法上往往也采用更加隐蔽的方式,如通过不正当渠道获取用户资料后,利用 AI 技术拨打电话,获得其希望获取的语音信息,再透过 AI 技术提取、编辑等。

3. 团队化、专业化、链条化程度高。在当下的 AI 电信网络诈骗犯罪案件中,共同犯罪占绝大多数,过往的简单结伙架构已转变为组织形式精密、分工精细明确的团队化、专业化、链条化作案。AI 电信网络诈骗犯罪中,不同的犯罪环节彼此独立,成员分工负责、有序合作。从非法获取、买卖公民个人信息,电话卡、银行卡收转,电信服务器架设,到利用 AI 技术，骗局设计与话术培训，各类社交软件账号实现 AI 批量化注册，再到搭建非法支付平台或者利用直播平台刷礼物，甚至通过境外赌博平台、利用如比特币等虚拟货币洗钱等。在如此专业化、团队化、智慧化的全流程犯罪链条加持下，AI 电信网络诈骗犯罪实现了环环相扣的流水化作业，推动诈骗成功率呈几何倍数提高，达到近乎“百发百中”的命中率。

二、AI 电信网络诈骗犯罪治理的困境分析

（一）犯罪成本低、犯罪收益高

相较传统的诈骗犯罪，AI 电信网络诈骗犯罪成本低，主要表现在刑罚成本和经济成本两大方面。刑罚成本上，AI 电信网络诈骗犯罪属于诈骗犯罪中电信网络诈骗犯罪的一个组成类型，其社会危害性较普通诈骗犯罪更大，其刑罚却依旧参照普通诈骗犯罪，未像贷款诈骗罪、保险诈骗罪单独成罪并辅之以相对较高的刑罚。经济成本上，不法分子往往只需花费较低的费用甚至无须任何花费即可获取各类 AI 智慧应用程式，再透过其中的 AI 技术完成 AI 电信网络诈骗犯罪中的关键步骤：筛选受害人，提取、制作所需的音视频等，即可在任意地点、任意时间打开手机中的社交软件实施 AI 电信网络诈骗犯罪。

AI 电信网络诈骗犯罪往往以受害人相熟之人的音视频为突破口，定位精准、目标明确，相较传统的电信网络诈骗和普通诈骗犯罪更易得手，犯罪收益往往更高，多则数百万甚至更多。在犯罪成本较低而犯罪收益却极高的利益驱动下，AI 电信网络诈骗犯罪形势越发严峻，呈现持续增加的态势。

（二）侦查取证难、准确定性难

一方面，基于海量的互联网大数据信息背景下，不少 AI 电信网络诈骗犯罪的证据会因其自身天然的无形性、易灭失性、易覆盖性等特性致证据难以固定。侦查机关获取到的数据往往又是碎片化、彼此间无关联的，且关键证据往往不易捕捉，这便使证据收集难度加大。同时，犯罪分子通过社交软件拨打视讯通话、语音通话骗取受害人以获取非法利益，这些电子证据主要来源于智慧手机自带记忆闪存，收集此类数据用作电子证据需要专业知识、设备做支撑，而此类电子数据能否在后期案件办理过程中被提取、固定，成为有效证据并形成完整的证据链，并用作定罪量刑的依据，存在一定变数。另一方面，由于 AI 电信网络诈骗犯罪跨越了时间、空间的限制，同时具有团队化、链条化特点，导致可能因不法分子所处地域分散带来侦查追踪难、取证成本高等问题。一旦实施 AI 电信网络诈骗的不法分子身处境外，将给侦查取证带来更多障碍。

即使侦查取证流程顺利，在能否准确认定犯罪层面，也存在一定问题。如不法分子利用社交软件实施 AI 诈骗，但若没有收集涉案双方是否有线下接触、当面接触和被骗财物的取得之间是否具有因果关系等实质性证据，极易发生就案件罪与非罪、此罪与彼罪

的认定出现分歧，导致后续可能面临证据不足不捕、不诉等问题。[①]

（三）AI 服务提供者责任认定难

AI 电信网络诈骗犯罪与传统电信网络诈骗犯罪一样，存在上下游黑灰产业链，其对应的上下游犯罪如：掩饰、隐瞒犯罪所得、犯罪所得收益罪，侵犯公民个人信息罪，妨害信用卡管理罪，帮助信息网络犯罪活动罪，非法经营罪等。

AI 电信网络诈骗犯罪的特殊性，致使在 AI 技术服务提供者责任认定方面，存在一定难度。尽管"互联网 +"时代已经发展为 AI 时代，AI 技术对生产力的进一步飞跃和产业结构的革命性突破也发挥了举足轻重的作用，但 AI 技术的非法应用和算法漏洞等对公民个人信息、隐私、财产权益等诸多方面都带来极大威胁，如透过时下流行的 ChatGPT 类"AI 聊天机器人"，甚至可以直接要求其给出多套电信诈骗话术，这便使这类新型、高效的 AI 语言模型沦为不法分子的犯罪工具，令相关 AI 服务提供者陷入巨大的法律争议之中。

在传统电信网络诈骗已经进化为 AI 电信网络诈骗的背景下，如何认定 AI 服务提供者在相关案件中的刑事责任，显得尤为重要。如果从 AI 电信网络诈骗犯罪这一角度出发，AI 服务提供者客观上为不法分子提供了帮助，也存在放任或希望的主观故意，加之与危害结果存在因果关系，对 AI 服务提供者可以按共同犯罪处理。但 AI 服务使用者中，不法分子仅仅是其中一小部分，同时 AI 服务提供者提供的 AI 服务，并非专门为 AI 电信网络诈骗量身定制，如果 AI 服务提供者仅因其提供的 AI 服务被不法分子利用便具有刑法的可归责性，则不符合罪刑法定与严格责任原则。

（四）受害人防范意识较低

造成 AI 电信网络诈骗犯罪近"百发百中"命中率的结果，不仅因为不法分子利用了 AI 技术，给电信网络诈骗披上了一件令人防不胜防的外衣，更在于受害人防范意识尚未在根本上有所提高。以前文提及的 AI 电信网络诈骗案为例，作为 AI 电信网络诈骗犯罪的受害人，在第一时间看到了所谓"眼见为实"的视频后，便对不法分子深信不疑，没有再对其身份进行进一步核实、确认，进而落入不法分子精心编织的骗局之中，等反应过来才恍然大悟。

尽管关于传统电信网络诈骗和新型 AI 电信网络诈骗风险提示等的宣传内容不断增加，民众对自身的防范能力却依旧过于自信，总认为自己不会被骗，甚至少部分民众对相关宣传、报道视而不见、充耳不闻，事发后才认识到自己上当受骗。传统电信网络诈骗犯罪往往只针对如单身、老年、学生群体等特定人群，也导致其他群体疏于防范，心存侥幸，盲目自信。此外，当前不少民众对个人隐私等信息的自我保护意识依旧薄弱，如安装一些软件时，对跳出弹窗的如"是否授权软件读取通讯录信息"、"是否授权软件读取相册信息"等一律选"是"，将自己的隐私拱手让人，埋下风险隐患。

---

① 李文涛、何苏桦、李根：《电信网络诈骗刑事法律认定中的疑难问题》，载《中国检察官》2020 年第 5 期。

三、AI 电信网络诈骗犯罪治理的对策建议

（一）完善法律规定，加强行业监管

为有效治理 AI 电信网络诈骗犯罪，仅仅依托现有法律规定是不够的，可结合实际，在现有法律的基础上进一步完善细化。如刑法层面，可参照《刑法修正案（八）》中有关第 133 条交通肇事罪之危险驾驶罪的立法设计进行完善，在第 266 条诈骗罪的条款后增设一条关于电信网络诈骗犯罪的单独罪名，罪名中可列举如 AI 电信网络诈骗犯罪等电信网络诈骗形式并根据情节严重程度确定法定刑，提高刑罚幅度和罚金幅度。

早在 2019 年下半年，一款短视频合成类软件“ZAO”面世，用户可通过仅上传一张相片的方式对软件内提供的短视频实现“换脸”，该软件虽风靡一时，却带来诸多隐患，尤其是个人隐私和信息保护方面。之后，我国出台了《网络音视频信息服务管理规定》《网络信息内容生态治理规定》等规定，明确对如“换脸”等行为进行监管，用以规制生成合成类网络服务。2022 年 11 月，国家网信办、工信部、公安部联合发布了《互联网信息服务深度合成管理规定》，对深度合成数据、技术管理规范、监督检查与法律责任进行了原则性规定，并已于 2023 年 1 月 10 日正式施行。尽管相关规定在很大程度上对 AI 服务进行了规制，但各地仍应在 AI 电信网络诈骗犯罪高发的背景下，结合本地实际，围绕上述规定再行细化，明晰本地区职能部门管理权限，以便于相关职能部门对 AI 活动实施有效管理，并对 AI 活动中的相关主体（AI 服务提供者、AI 服务使用者）的权利义务进行更细致、明确的规范。

负有监管责任的行政机关应加强对 AI 行业的监管力度。一是督促 AI 服务提供者加强自我监管。如 AI 平台用户注册须落实实名制，进行手机短信验证的同时上传有效期内的身份证正反面相片并进行人脸识别。原有平台用户中如存在未实名的，须在一定期限内完成实名认证。对未按要求完成用户实名制全覆盖的平台，限期整改，逾期不改正的，视情节轻重处以罚款、停止提供线上服务等行政处罚。二是构建沟通会商机制。负有监管责任的行政机关可通过召开联席会等形式，与 AI 服务提供者就当下行业中存在的监管难点、堵点进行沟通交流，不断凝聚共识、深化协作，形成行业监管合力，促进 AI 行业有序、健康发展。

（二）加大打击力度，提高侦查水平

侦查机关应不断改进 AI 犯罪背景下的侦查模式，提升侦查能力，提高破案效率，回应民众对网络社交良好环境的期盼。

1. 强化数据意识，明确侦查重点。AI 犯罪背景下的侦查方向与传统犯罪背景下的侦查方向有着本质区别。传统犯罪案件往往围绕实物证据的收集，而 AI 犯罪背景下的犯罪证据往往以图像、声音、文字等数据形式在互联网中短暂驻留。因此，要固定 AI 电信网络诈骗犯罪的相关证据并形成完整的证据链，就必须强化数据意识，秉持数据思维，利用好大数据、云计算、区块链和 AI 等新兴技术，在海量数据中快速甄别并提取、保存有用

数据。

2. 借鉴办案经验,紧急止付冻结。当下,侦查机关一旦侦测到电信网络诈骗案件中的受害人,往往采取紧急止付的方式保护受害人财产免受进一步损失。AI 电信网络诈骗犯罪属于电信网络诈骗的一种,侦查机关在判定特定人群相关行为存在可疑时,可借鉴办理电信网络诈骗案件的相关经验,对疑似受害人银行账户进行紧急止付,使其无法转账汇款,同时对关联银行账户采取即时冻结等限制措施。

3. 精准认定犯罪,注重宽严相济。在对相关犯罪行为进行定性时,要严格依据 2016 年和 2021 年最高人民法院、最高人民检察院、公安部颁布的《关于办理电信网络诈骗等刑事案件适用法律若干问题的意见》和《关于办理电信网络诈骗等刑事案件适用法律若干问题的意见(二)》,对涉案资金数额、是否“明知”等进行准确认定。应继续保持高压打击态势,适度改变以往对传统犯罪主要打击实施行为、对已着手犯罪造成危害后果了才开始打击的理念,坚持打早打小策略,前移 AI 电信网络诈骗犯罪的刑事防线。对于涉案金额达到入罪标准的,就应依法立案追诉,加大对不法分子的打击力度。

4. 加强人才培养,完善队伍建设。随着不法分子犯罪目标的转移和犯罪手段的升级,传统犯罪领域已转向电信网络和社交软件等,专业化、网络化侦查人才的需求更加凸显,而能系统性掌握并能熟练应用大数据、云计算、区块链、AI 等技术的侦查人员却为数不多。因此,应完善相关人才培养措施,建立健全培养经费保障体系等,更加有针对性地提高 AI 等领域侦查人员的专业素能,进而更加有效地防范和打击 AI 电信网络诈骗犯罪。

(三)区分不同情形,解决责任认定

AI 服务提供者,在客观上为 AI 电信网络诈骗提供了帮助,其是否属于“日常性中立帮助行为”? 对 AI 服务提供者的行为进行责任认定,应当从主观和客观两个层面全面把握。

1. AI 服务提供者主观上是否“明知”? 当头部 AI 服务提供者主观上知晓不法分子透过其提供的 AI 服务从事不法活动而不采取任何措施,则 AI 服务提供者属于间接故意,其行为可能涉嫌 AI 电信网络诈骗。因为作为头部 AI 服务提供者,其无论在 AI 技术、风控技术方面,还是法务力量等方面,相较于同行均具有显著优势,其通过 AI 服务使用者的行为、操作,可以判断 AI 服务使用者是否将相关服务用于违法犯罪,如其未采取得当措施,就应当担负与此相适应的审查责任。但如果非头部 AI 服务提供者主观上确实不“明知”,而通过后期技术分析、溯源复盘才能够推断出 AI 服务使用者可能利用其提供的服务进行不法活动,笔者认为,不便对其进行责任追究。因为作为非头部 AI 服务提供者,其所拥有的风控技术、法务力量等,均无法和头部 AI 服务提供者媲美,其或许对利用其技术从事不法活动的使用者存在怀疑,却因不具备完备的风控技术团队、法务团队等而无法第一时间对其行为作出精确判断,从而导致其 AI 服务被不法分子利用。如果对此类规模的 AI 服务提供者要求过高,认为其也应和头部 AI 服务提供者尽同等义务,则往往不利于新兴行业的发展进步。

2. AI 服务提供者是否在客观上提供了实质性帮助?如果"日常性中立帮助行为"对危害结果发生的可能起到的作用相对较大,则其具备较大程度的可归责性。如果 AI 服务提供者提供的帮助只是如罗列、整理数据,则不会直接导致危害结果的发生。此时,不应归责于 AI 服务提供者。一旦 AI 服务提供者的"日常性中立帮助行为"在整个不法活动中起到实质性帮助作用,则可能需要通过刑法进行规制。情形一:AI 服务提供者与不法分子存在通谋,其提供 AI 服务的客观行为是为 AI 电信网络诈骗服务,则显然构成 AI 电信网络诈骗犯罪的共犯,如 AI 服务提供者根据不法分子需求提供 AI 服务。情形二:AI 服务提供者客观上的默许放纵了不法分子利用其提供的 AI 服务实施诈骗,则属于负有法定义务未履行的不作为犯罪,如 AI 服务提供者已经发现 AI 服务使用者的不法行为却放任不管。情形三:AI 服务提供者为实现自身利润提供其他帮助的行为,如 AI 服务提供者将 AI 服务使用者利用其 AI 服务实施不法行为作为引流手段并推广的行为。

综上所述,针对 AI 服务提供者的行为认定,应具体问题具体看待,全面判断其行为是否突破了"日常性中立帮助行为"的必要限度,同时充分把握主客观两个角度进行分析。

(四)加大宣教力度,提高防范意识

AI 电信网络诈骗犯罪之所以能给民众带来较大损失,其问题根源还在于民众防范意识不强和法律意识有待进一步提高。笔者认为,为持续深入推进打击 AI 电信网络诈骗犯罪,巩固来之不易的反诈成果,最大程度压缩 AI 电信网络诈骗犯罪的生存空间,应加大宣传教育力度,从以下方面做好防范化解 AI 电信网络诈骗犯罪风险的相关工作。

1. 筑牢法治根基,提高普法质效。始终落实"谁执法、谁普法"的普法责任制要求,司法、行政机关应始终利用好法治阵地,充分发挥各自司法、行政职能,可通过与辖区内街道、村镇结对共建,筑牢符合民众期盼、满足民众需求的法治阵地,适时邀请律师代表、院校教师、志愿者等开展 AI 电信网络诈骗犯罪防范教学活动,不断提高公民个人信息保护意识,提升普法宣传工作质效。

2. 积极以案释法,推进"六进"活动。无论是负责打击犯罪的侦查机关,还是负责司法办案的检察机关、审判机关,都应共同推进 AI 电信网络诈骗犯罪防范教育进机关、进企业、进学校、进社区、进乡村、进家庭,将各自日常工作中办理过的、接触到的具有典型意义且涉 AI 电信网络诈骗犯罪的案事例,尤其是相关案事例中易踩的"雷区"等,通过发放宣传手册、排列宣传展板、现场答疑解惑等方式向民众进行深入浅出的讲解,揭露看起来稀松平常的网络社交活动背后可能存在的 AI 诈骗陷阱,帮助民众进一步提升防骗意识,鼓励民众通过多种途径,如告知民众对"好友"转账汇款前一定要与其通过电话、线下见面等方式再三确认等,做好对 AI 电信网络诈骗犯罪的防范。

3. 创新宣教方式,深化理解认识。鉴于AI电信网络诈骗犯罪的手段特殊性,线上加线下的宣传教育方式将为有效遏制AI电信网络诈骗犯罪提供更强助力。利用两微一端平台,联合主流短视频、直播平台推送相关信息,抑或通过联合主流网络社交平台进行防骗知识问答、有奖竞猜,防骗页面跳转等民众喜闻乐见的方式,提醒民众注意线上社交过程中可能存在的风险隐患,加深民众对AI电信网络诈骗犯罪的认识和理解。

4. 培育法律意识,共筑防范之堤。AI电信网络诈骗犯罪案件属于可防性案件,治理AI电信网络诈骗犯罪的关键在于防。犯罪预防有一般预防和特殊预防两层含义,前者针对普通民众,后者针对犯罪分子,无论是普通民众还是犯罪分子,都应做好对其法律意识的培育工作。预防AI电信网络诈骗犯罪的出发点和落脚点均在于实现期待可能性,如果全社会形成尊法、懂法、守法、用法的良好风尚,人人皆以法律为内心最虔诚的信仰,则“天下无诈”绝非可望而不可即的美好愿景。

微信群组织抢红包行为的司法认定

杨巨军　鲁海军*

摘要：微信社交软件推出微信红包及第三方支付平台建设，在方便微信群友之间馈赠红包的同时，也被不法之人利用，将线下传统赌场中赌博及网络网站上的赌博行为，蔓延至微信群中。行为人利用已有或新建的微信群、制定游戏规则，以营利为目的，招募特定群成员或不特定其他微信用户，实施聚众赌博或开设赌场，并从中抽头实现非法牟利的目的。实践中，对于微信群组织抢红包行为的认定在司法实务界、理论界产生分歧，并分别提出了相应的学说，试图来区分聚众赌博与开设赌场行为。在实证调研的基础上，应认识到微信群组织抢红包行为应该是"赌场"和"人"的聚合，可从开设赌场的开放性，即赌场的相对固定性、参赌人员不特定性，来区分聚众赌博与开设赌场两种行为。

关键词：微信抢红包　聚众赌博　开设赌场　共犯

一、微信群组织抢红包行为的特征

微信群组织抢红包，主要是借助于微信社交软件中的红包和第三方支付平台，行为人以建立微信群作为赌博场所。该场所既不同于实体赌场，亦不同于网络赌场，但其表现出的虚拟空间同网络赌场具有一致性。目前刑法尚无对微信赌博的立法规制，在司法认定中，一般是将《刑法》第 303 条及相关对网络开设赌场的司法解释作为适法依据，并将微信群组织抢红包视为网络赌博犯罪的新类型。因而，本文不再将网络赌博与微信群组织抢红包进行区分，仅将其与实体赌场中的赌博行为进行区分。微信群组织抢红包的特征应从实施的犯罪模式来研究，而从中国裁判文书网已经公开的案例来看，一般表现为，由组织者建立微信群、制定赌博规则，"代包手"即代发红包的人发红包，组织者按照赌博规则抽头，群内成员抢红包。因此可以说，微信群组织抢红包行为的特征是对"赌

---

* 杨巨军，江苏省淮安市洪泽区人民检察院党组成员、副检察长；鲁海军，江苏省淮安市洪泽区人民法院开发区法庭副庭长。

场”和“人”的聚合。具体表现在以下三个方面：

1. 赌博组织性表现出成本低、操作简单。微信的每个用户需要时可以随时建立微信群，不需要投入网站设计、硬软件等设备，也无须任何技术，即可将线下的“赌场”搬进微信这个虚拟空间，进而实施开设赌场或聚众赌博等行为。相较于实体赌场及网络赌场，其赌博投入成本小、操作更简单、灵活。微信群抢红包参与赌博很快能知晓输赢，用户参与度高且参赌门槛低，缩短了组织者、参赌者的时间成本。

2. 开放性让参赌人员流动大、危害性大。实体赌场中，限于时间和地域的关系，开展赌博活动的场地和空间有所限制，组织者、参赌者往往能面对面交往，当面参与赌博；微信群抢红包则发生在网络虚拟空间，数据成为行为人之间参赌的媒介，不受地域、时间和空间的限制，参赌主体面向不特定多数人或特定多数人，且参赌者大多互相不见面，通过微信群即完成赌博行为。例如，浙江台州警方破获的杨某等人“微信代发红包”赌博案中，涉案人数 300 余人，涉及北京、上海等 10 多个省市及国外多个城市。[①]

3. 经营性让赌博行为迷惑强、甄别困难。微信群中组织抢红包具有明显的经营性，组织管理痕迹明显，邀请微信好友参与赌博，体现出非法经营目的。在赌博方式上，实体赌场中的赌博行为需要借助相对固定的赌博场所、参赌工具、使用专业手法操作等，参赌人员中多为贪利、好逸恶劳型等人员，希望从偶然的赌局中非法牟取利益。在微信群抢红包中，参赌人员点击抢红包在几秒钟内就能分晓输赢，对于其涉嫌赌博并不主观明知，表现出极强的迷惑性。这种迷惑性，一是标的额小，不同于实体赌场中一次动辄成千上万的赌注，其赌注在数十元到二百元不等，易受麻痹。二是与娱乐夹杂，人们在微信里都有过为亲友发红包的经历，行为人利用这种行为及建立起来的心理，夹杂着赌博游戏规则所体现出的刺激性与微信红包所体现出娱乐性的结合，不易为人察觉。三是抢红包拼的是手气，易产生让受害人内心认同的错觉，看似公平的规则，实则是让微信红包的随机性、不确定性掩盖了犯罪，让人在不自觉中陷入赌博之中，其造成的社会危害性也就随之变大。

二、微信群组织抢红包行为罪名认定的争议分歧

微信群抢红包行为有别于网站赌博，其在不特定微信用户手中，随意可建立微信群实施赌博，利用受害人对微信红包的接受及贪利心理，实施赌博行为或开设赌场，从中非法牟取利益。在实体赌场中，对聚众赌博、开设赌场行为立法上有明文规定，实践处理中亦不存在争议，但在微信群这个特定“赌场”中，对于是认定为聚众赌博抑或开设赌场罪，在司法实践及理论界存在争议分歧。

---

① 参见宗凤月：《新型社交网络赌博犯罪的进化——以“微信红包”变相赌博为例》，载《犯罪研究》2016 年第 5 期。

（一）司法实践分歧

我们通过在中国裁判文书网以“微信群、抢红包”进行检索，搜集到2015年至2023年4月的案件1936件，其中一审1663件，二审266件，涉及全国三十多个省、市、自治区，其中浙江555件，广东226件，福建188件，位居全国发案数量前三名。

通过对一审、二审两种裁判结果的梳理发现，微信群组织抢红包行为涉及赌博罪和开设赌场罪两个罪名，其中以开设赌场罪定罪的1511件，占比78.05%；以赌博罪定罪的425件，占比21.95%。二审案件266件，上诉、抗诉率13.74%，其中检察机关抗诉16件，被告人提起上诉150件，二审法院在裁判结果上有237件予以维持一审裁判结果，有29件改判一审罪名，改判中有开设赌场罪改判成赌博罪的，也有赌博罪改判成开设赌场罪的。在样本案例中，一审、二审在面对同样的微信群抢红包行为时，给出赌博罪、开设赌场罪两种裁判结果，认定为开设赌场罪的占绝大多数，仅有少数法院认定为赌博罪。通过进一步调研发现，浙江温州地区两级法院认定此类犯罪为赌博罪，如浙江省温州市中级人民法院判决的张某、娄某某赌博案①，以及黄某某、方某某等人赌博案②，一、二审皆认定为赌博罪。也有法院一、二审出现分歧的，如黑龙江省绥化市中级人民法院审结的李某某、张某某赌博案，将一审开设赌场罪改判为赌博罪③，河北省邯郸市中级人民法院审结的王某某开设赌场案，将一审赌博罪改判为开设赌场罪④。对同一犯罪行为得出不同的裁判结果，究其根源在于对这种微信群抢红包行为的定性往往游离于赌博罪与开设赌场罪之间，未能区分出两罪的界限。

（二）理论界分歧

微信群抢红包行为定性纷争实质就是赌博罪与开设赌场罪的区分，法学理论界主要存在控制说、公开说、稳定性说和规模说四种学说。

1.“控制说”。主张区分赌博罪中聚众赌博行为与开设赌场行为，应以赌场的实际控制力为判断标准，即赌场是被行为人实际控制的为开设赌场行为，不为行为人实际控制的为聚众赌博行为。该学说的问题在于：一是在传统赌场中，聚众赌博行为的召集者一般是有一定影响力的人，其控制力主要为对赌博秩序的维护，如对不遵守赌博规则、抵赖赌债的人享有清理的特别权力等，因而其无法与开设赌场行为进行区分。二是在网络虚拟赌博空间里，聚众赌博召集者和赌场开设者对虚拟环境中赌场、赌博行为、赌博秩序等都具有控制权，难以区分两罪。

2.“公开说”。该观点以隐蔽性作为聚众赌博与开设赌场的区分标准，即开设赌场具

---

① 参见（2017）浙03刑终972号刑事判决书。

② 参见（2017）浙03刑终1214号刑事裁定书。

③ 参见（2017）黑12刑终85号刑事判决书。

④ 参见（2017）冀04刑终349号刑事判决书。

有半公开性，并以此招来更多参赌人员，聚众赌博则是隐蔽性，不愿让人发现。[①] 其问题在于：一是传统赌场中，聚众赌博具有面对面、人见人的特性，尽管其赌博场地要求较为隐蔽，但其聚众行为必然会带来众多参与者，参与人自以为采取了隐蔽的手段实施违法行为，但其多数为呈现公开状态。如农村过节时，聚众赌博已不再是隐蔽、秘密进行，而是呈现出公开化，而这种赌博行为无法被认定为开设赌场罪。二是在网络虚拟空间中，网站赌博、微信群组织抢红包等成为线上赌博违法犯罪行为的重要方式，此类赌博行为的赌场不再是实地场所而是虚拟的空间。其隐蔽性一般表现为对参赌人员的身份审核，以此来规避执法机关的打击。同时，通过网络、微信群大肆宣传、扩张，以便于吸纳更多人参与并谋取非法利益，可以说聚众赌博和开设赌场兼具隐蔽性和公开性。因此，隐蔽性并不能成为区分聚众赌博和开设赌场的依据。

3. "稳定性说"。该学说认为，赌场场所的稳定性和临时性是开设赌场与聚众赌博的区分标准，即开设赌场具有一定的稳定性，而聚众赌博具有临时性。[②] 其问题在于：一是在传统赌场违法犯罪中，行为人为规避执法机关打击，随时更换赌博场所是常态。尽管其改变场所，但并不影响赌博规则等留存以便于行为人继续实施违法犯罪行为，也就是说在稳定场所赌博与临时场所赌博都可能构成聚众赌博，也有可能构成开设赌场，因而在传统赌场犯罪案件中，赌博场所的稳定性抑或临时性并不能区分出是聚众赌博或开设赌场。二是在网站及微信群中的赌博，其犯罪场所为虚拟的网站或特定的微信群，对其赌博行为所发生的场所的认定，难以用稳定性说来判定，因为行为人可以随时建群，也可以随时撤群，还可以撤群后重新拉人入群，一般认定为开设赌场。行为人利用此方法在特定的群里、召集特定的人实施赌博行为，此种行为应认定为聚众赌博，而不能认定为开设赌场。

4. "规模说"。该学说将赌博规模作为区分聚众赌博与开设赌场的标准，即开设赌场中配有专门的荷官、赌资兑换、赌博器械等，且规模人数较多，而聚众赌博中则缺少上述人员、设施，即使有但从规模上来讲也无法与之相比。[③] 现实中存在聚众赌博中，有较为专业的荷官、操盘手等专业人员，且有一定规模可能，同时还会安排人放风，此种类型的赌博行为就难以定性为开设赌场罪。同理，在网站、微信群中的赌博行为，除传统的赌场专业辅助赌博人员外，还增加了(软件、后台程序等)"机器人"操控赌博行为，并以此进行胜负判定、赌资结算，同样呈现专业化、规模化，也有的一个人担任几种角色、辅以机器人，难以达到规模。对这两种情形应该认定构成开设赌场罪，而不能按照此学说认定为聚众赌博和开设赌场两个罪名。

对于上述四种学说，本文认为，在处理个案时分别有一定的道理，但对于区分聚众赌

---

① 参见罗红兵：《开设赌场罪司法认定中若干疑难问题研究》，载《中国证券期货》2009 年第 7 期。

② 参见邱利军、廖慧兰：《开设赌场犯罪的认定及相关问题研究——以〈刑法修正案(六)〉和"两高"关于赌博罪的司法解释为视角》，载《人民检察》2007 年第 6 期。

③ 参见吴章韬：《利用微信群赌博的罪名辨析》，载《人民司法·应用》2018 年第 19 期。

博与开设赌场来说,均有一定的局限性。“控制说”侧重于赌博场所的实际控制,无论是线下赌博还是线上赌博,聚众赌博和开设赌场行为都会对赌场有实际的控制权,只不过是聚众赌博侧重对赌场秩序的控制,开设赌场侧重整个赌场,赌场秩序仅是其控制赌场的一部分,因而该说难以有效区分两种犯罪行为。“公开说”虽然反映出了赌博行为的隐蔽性,但不能就此说明聚众赌博是隐蔽的,开设赌场是半公开性的,即相对于执法机关的查处他们有相对的隐蔽性,而对于发生赌博行为的特定区域来讲其赌博行为有一定的公开性,只不过其公开性传递的范围有大小之分,但不影响其公开性的特性。因而,公开说也难以达到区分两种犯罪的目的。“稳定性说”则是以发动赌博行为是固定还是临时为区分路径,但其忽略线上的赌博,如微信群赌博,行为人临时建立群进行赌博,此群便是赌场,按照相应的分工,收取相应返点、非法牟利。如按此观点,则一般不能认定为开设赌场罪。因此,该学说亦存在不合理之处。“规模说”虽然能从传统的聚众赌博模式中,窥测到开设赌场无论是赌博方式、赌博服务人员、赌资兑换还是参赌人员规模等较聚众赌博规模都大,但不能以此作为区分的标准,因为实践中存在的聚众赌博及微信群赌博、网站赌博也涉及人数众多、较为专业等情况,如何区分,亦存在一定的模糊性。

三、微信群组织抢红包行为涉及罪名的认定

微信群场域内发生的组织抢红包行为,罪名主要指向开设赌场罪和赌博罪。鉴于开设赌场罪是从赌博罪中独立出来的这种特殊关系,因此构建区分两种犯罪之间界限的理论显得尤为必要。本文在综合当前理论界四种观点基础上,提出了开放性区分标准观点,并据此对两罪在微信群场域内实施的组织抢红包行为分别予以实践检验,以期能对此类犯罪的定罪提供参考。

(一)微信群组织抢红包行为开放性区分标准

关于微信群抢红包行为涉及聚众赌博与开设赌场的区分标准问题,笔者认为,开设赌场行为是以开设行为人为中心,并让他人在其控制下实施赌博的行为,具有开放性,而聚众赌博具有隐蔽性,其可以作为两罪的区分标准。

1. 开放性区分标准提出的理论依据。无论是在现实赌场还是网络、微信群等虚拟赌场,开设赌场的开放性主要表现在以下两个方面:一是赌场具有相对固定性。开设赌场的目的是希望有更多人参与赌博,从中牟取非法利益,其设置相对固定的赌博场所,便于更多人知晓赌博场地,尽管存在更换场地的可能,尤其是在微信群中的赌博,为规避执法机关的侦查,可随时删除群、毁灭证据,但其仍可以建立其他微信群,且随时可以将参赌人员拉到新建群,并不影响其继续实施犯罪行为。赌场在一定范围内为参赌人员所知晓,每次赌博前无须发出邀请,参赌人员会自动到赌场参与赌博。[①] 二是参赌人员流动较

---

① 参见李连华、鞠佳佳:《开设赌场与聚众赌博的界限》,载《中国检察官》2009 年第 4 期。

大,既可以通过口授相传,也可以通过微信邀请入群,还可以通过发广告邀请人参加,且任何人都可以成为赌博介绍人,参赌人员中有以赌博为业的也有偶尔参与赌博的,有相互认识的也有互不认识的,参赌人员具有不特定性、开放性。反观聚众赌博,明显具有隐蔽性,其主要表现在聚众赌博多发于临时起意,由召集人负责,临时约定赌博场所并无固定场所,即使存在多次赌博的也大多不是在同一场所,场地流动性较大,且参赌人员多为固定赌友或认识的人,一般不吸纳外人,其具有扩散面小、开放性较差、较强的隐蔽性。①

2. 开放性区分标准的特征分析。线下的实体赌场对于聚众赌博、开设赌场两种行为来说,区分难度并不大,产生争议的焦点在于网上及微信群中抢红包赌博行为。为进一步说明开放性标准,以下着重对于网上及微信群抢红包中赌场所具备的开放性特征展开。其一,以营利为目的。开设赌场通过建立微信群等相对固定的场所、安排代包手等,不仅通过对组织的赌博活动抽头获利,还提供其他行为。如为赌博活动提供赌资借贷等配套服务,获取经营性收入,开设赌场就是希望有更多人知晓其赌博微信群,以便于从中牟利。其二,参赌行为的持续性。在实体赌场中,参赌人员聚集在赌场实施赌博行为,而在网络、微信群中的赌博行为,则是在虚拟空间通过网站或微信群等操作,在数据及其绑定的第三方支付平台、银行间进行数据交换,这种相对固定的赌场为赌博行为提供持续性、稳定性的场所空间,使赌博行为不间断,有别于聚众赌博。因而凭借虚拟空间及网站、微信群等线上的传播力、承载力,其社会危害性比实体赌场更为严重。其三,参赌人员的不特定。无论是实体赌场还是虚拟赌场,开设赌场中的参赌人员具有不特定性,这是由开设赌场行为人非法营利的目的所决定的,即追逐更多的人参赌以便获取更多的非法营利。聚众赌博则与之相反,只在相约的数人中实施赌博,为规避风险,一般对第三人的加入持排斥态度,仅限于小规模、小团体之间的赌博。其四,经营者的组织及管理。开设赌场中会出现相应的管理层,即有组织者、管理者、发牌手、代包手等,其中组织者、管理者为固定人员,实施相应的经营管理行为。如建立实体赌场、建微信群、制定赌博规则、组织相应人员分工等,形成一个较为固定的组织管理团队,其明显有别于聚众赌博,需要加以甄别。

(二)微信群组织抢红包行为构成赌博罪的司法认定

鉴于聚众赌博与开设赌场之间都是“以营利为目的”的犯罪,从开放性的角度区分两个犯罪行为,在微信群抢红包行为中,就是看其建立的微信群中的成员是否为特定的,如果是特定的则为聚众赌博,可以认定为赌博罪。理由是:其一,行为人建立或是利用原有微信群,与群成员实施赌博行为,体现隐蔽性。尽管其在微信中以建群的形式将其作为赌博场所,是一个随时可变动的相对固定的场所,但这与传统赌博、网络赌博中出现的

---

① 参见韩骏、钱安定、李跃华:《以微信抢红包形式进行网络赌博的定性》,载《人民司法·案例》2017 年第 20 期。

“打一枪换一个地方”的聚众赌博行为，并无实质性区别。其二，参赌人员仅限微信群成员，且成员相对固定，不同于开设赌场的参赌人员不特定性，体现封闭性。即使在微信群中制定了赌博游戏规则，因缺少特定组织者、实施者，不宜认定为开设赌场罪。如叶某等人利用微信群，在群内采用“红包接龙”形式，抢发红包，并从中抽头、非法牟利案，尽管其客观上存在微信群这个相对固定的虚拟空间赌场，也存在赌场规则及抽头，但其仅限定在特定群及其成员间，因而宜认定为（聚众赌博）赌博罪。①

（三）微信群组织抢红包行为构成开设赌场罪的司法认定

如前文所述，认定开设赌场，需要在主观上“以营利为目的”，但不仅限于此；客观上还应设立相应的赌博规则，参赌人员为不特定人，召集了代包手、会计等共同参与实施赌博行为，因其满足开设赌场的开放性标准，即有相对固定的赌场、有特定组织实施者、有不特定参赌人员，则应认定为开设赌场罪。例如，被告人洪小强等人运用智能手机、电脑等设备，建立“寻龙诀”后改名为“（新）九八届同学聊天”的微信群进行网络赌博，该微信群内的赌博行为24小时运行，每局参赌人员数十人，以押大小、单双等方式每日赌资累计达数十万元，被告人洪小强等被以开设赌场罪定罪量刑。再如，被告人谢检军等人以营利为目的，利用微信群管理邀请他人以抢红包方式参与赌博，被告人谢检军等被以开设赌场罪定罪量刑。②

（四）以“营利性”区分罪与非罪

2006年《刑法修正案（六）》将开设赌场犯罪从赌博罪中分立，在立法时，虽未明文将“以营利为目的”作为开设赌场罪的犯罪目的，但“以营利为目的”是其作为赌博罪犯罪行为时的特征，已为实践所认可且为公众所熟知，再加上其最初来源于赌博罪，在立法上列为同一法条，前述赌博罪中已经明确，无须再做列明。

“营利”不同于“盈利”。一般认为，赌博犯罪中的“营利”是通过参赌或者经营行为获取钱财，行为人是否通过赌博或开设赌场行为获取所谓的利润，不影响对其“营利”目的的认定。③《最高人民法院、最高人民检察院关于办理赌博刑事案件具体应用法律若干问题的解释》第9条规定，不以营利为目的，进行带有少量财物输赢的娱乐活动，以及提供棋牌室等娱乐场所只收取正常的场所和服务费用的经营行为，不以赌博论处。对于日常生活中常见的如在微信群中，亲戚朋友之间互发红包的馈赠，因缺少“以营利为目的”的主观故意，阻却其刑事违法性，且其在客观行为上也未侵犯刑法所保护的法益，故不认定是犯罪行为。

---

① 参见张建、俞小海：《建立微信群组织他人抢红包的行为应定为赌博罪》，载《中国检察官》2016年第18期。

② 参见最高人民法院指导性案例第105号《洪小强、洪礼沃、洪清泉、李志荣开设赌场案》、第106号《谢检军、高垒、高尔樵、杨泽彬开设赌场案》。

③ 参见李衡：《网络赌博犯罪实务问题研究》，载《上海公安学院学报》2022年第1期。

流量造假类网络黑灰产的运行模式与治理

米 昂 李 婷 周 颖*

摘要:流量造假是当前互联网大环境下典型的数据欺诈行为,但当前该行为的刑法适用存在定性差异、罪名不统一等问题,基于网络犯罪黑灰产治理的需要,应重视流量造假行为的刑法规制问题,将其全链条行为进行全面评价。同时,基于刑法谦抑性,对流量造假中前置化的平台责任做区分处理。

关键词:流量造假 罪名适用 入罪标准 平台责任

近年来,网络犯罪样态呈现出产业化、组织化、复杂化的趋势,由于涉案人员分工细化、技术手段升级,在实践中滋生了大量的“网络黑灰产业”,严重损害了市场经济秩序和社会管理秩序。产业化的流量造假就是其中之一,具有严重的社会危害性。流量造假行为误导社会舆论,形成恶意竞争,破坏行业竞争秩序,并催生违法犯罪。

一、问题的提出:流量造假的刑法规制争议

数字经济时代,“数据为王,流量至上”成为当下互联网环境的显著特征,这变相加剧了流量造假、流量劫持等行为的高发态势。数据显示,2021 年互联网广告异常流量占比为 10.1%,移动效果广告平均异常点击率达到 77.5%,相比 2020 年的 56.7% 提升了 20.8 个百分点,作弊刷量严重破坏网络社区的公平性,亟待治理。① 然而,在当前司法实践中,如何对流量造假行为进行精准定性以及如何用刑法进行规制仍存在争议。

(一)流量造假的实现路径

有学者以危害对象为标准将流量造假分为群控刷量类、虚假广告类、虚假交易牟利

---

* 米昂,江苏省扬州市邗江区人民检察院党组成员、副检察长;李婷,江苏省扬州市邗江区人民检察院检察官助理;周颖,江苏省扬州市邗江区人民检察院第二检察部副主任。

① 参见中国信通院、中国广告协会、中国互联网协会发布的《数字营销异常流量研究报告(2022 年)》。

类、盗用 CDN 类[1];笔者为进一步探讨流量造假行为的入罪性,从行为特征角度,将流量造假定性为通过不正当技术手段,伪造播放量、下载量等浏览数据的欺诈性行为。[2] 具体从实现路径来看,流量造假是一种黑灰产链条的"成果"变现,主要表现为上游通过批量注册、盗号、撞库等方式非法获取大量真实账号,中游通过搭建非法平台出售手机号、邮箱等账号信息,下游则利用上游收集来的资源以人工模式或者刷量软件自动进行涨粉、转发、点赞、评论、点击等,在此过程中往往会涉及黑灰产工具软件的开发。

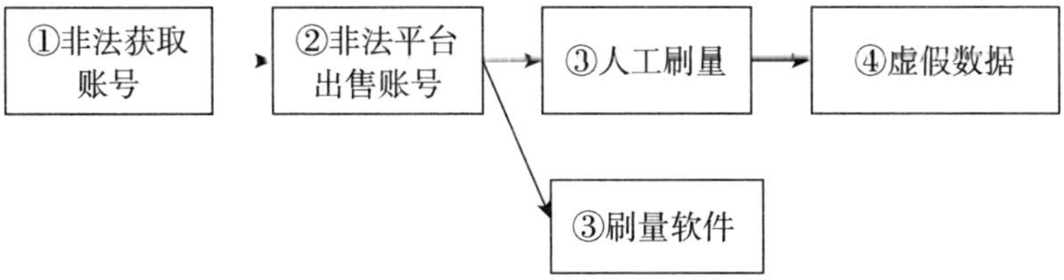

(二)流量造假的刑法规制争议

当前,对流量造假的规制主要集中于规范性文件,2020 年 11 月 13 日,国家网信办发布的《互联网直播营销信息内容服务管理规定(征求意见稿)》第 16 条规定,直播间运营者、直播营销人员从事互联网直播营销信息内容服务,不得虚构或者篡改关注度、浏览量、点赞量、交易量等数据流量造假,首次确认了流量造假的违法性。2020 年 3 月 1 日起施行的《网络信息内容生态治理规定》第 24 条规定,网络信息内容服务使用者和网络信息内容生产者、网络信息内容服务平台不得通过人工方式或者技术手段实施流量造假、流量劫持以及虚假注册账号、非法交易账号、操纵用户账号等行为,破坏网络生态秩序。其再次明确表达了对流量造假的抵制态度。很显然,当流量造假催生一系列情节严重的违法犯罪行为且需要科处刑罚时,规范性文件以及义务性规定的震慑力远远不够,应配备相关处罚条款。与此同时,基于刑法谦抑性,是否应以刑法予以规制还需进一步明确适用条件,以保障刑法是规制流量造假的最后一道防线。

司法实践中,以"暗刷流量"合同无效案[3]、腾讯诉骏网科技不正当竞争案[4]、爱奇艺诉飞益公司不正当竞争案[5]为例,目前主要适用民法、消费者权益保护法、网络安全法、反不正当竞争法等规范对虚假流量进行规制;以建立刷单炒信平台非法经营案[6]、虚增用户数量合同诈骗案[7]为例,当前针对流量造假犯罪行为更多的是以非法经营罪、提供侵入、非法控制计算机信息系统程序、工具罪处罚,所涉罪名明显不同。除此之外,在刑事责任

① 参见邓矜婷:《流量造假行为的刑法规制》,载《人民检察》2022 年第 15 期。
② 参见北京互联网法院(2019)京 0491 民初 2547 号民事判决书。
③ 参见北京互联网法院(2019)京 0491 民初 2547 号民事判决书。
④ 参见深圳知识产权法庭(2019)粤 03 民初 1914 号之二民事判决书。
⑤ 参见上海知识产权法院(2019)沪 73 民终 4 号民事判决书。
⑥ 参见浙江省杭州市余杭区人民法院(2016)浙 0110 刑初 726 号刑事判决书。
⑦ 参见北京市高级人民法院(2019)京刑终 20 号刑事判决书。

的分配上，没有区分个人和平台在具体案件中扮演的角色差异，而是将两者等同视之，导致刑事责任分配的争议。简言之，当下流量造假的刑法规制争议集中在入罪门槛不清、标准模糊所导致的罪名适用争议，以及个人责任和平台责任的分配错位。

二、现实的难题：流量造假的刑法适用困境

流量造假链条中涉及的黑灰产行为并非法律术语，从适用刑法的角度，其应始终立足于刑法条文规定，若情节严重，符合某一罪名的构成要件，即应依法追究刑事责任。但司法实践中对流量造假行为存在刑事定性困难、罪名适用不当等现实难题。

（一）刑法定性的困境

正如上文所述，流量造假的实现需由上中下游行为交织在一起。为准确认定各行为性质，笔者认为，不应将其中某段行为孤立评价，而应将其置于流量造假的全链条实现路径中，考察该行为的社会危害性及刑法定性。

1. 获取账号的上游行为的定性。收集账号的上游行为主要是通过交易或者技术手段，途径的不同决定了对该行为的定性不同。

其一，若通过盗号、拖库、撞库等技术手段非法获取账号，是否构成犯罪？拖库是指非法侵入并下载网络服务应用的数据库，从而获取网络账号信息；撞库则是指通过批量登录的方式，利用部分用户在不同互联网平台使用相同账户名和密码的习惯，获取用户其他网络账户名和密码。① 若流量造假的上游行为属于最高人民法院、最高人民检察院《关于办理危害计算机信息系统安全刑事案件应用法律若干问题的解释》第 1 条规定的"情节严重"的情形，笔者认为，应以非法获取计算机信息系统数据罪对行为人作入罪评价，但实践中存在的难题是往往在侦查过程中对存放非法获取的身份信息的电子证据等难以固定提取，导致无法以获取的身份信息组数和违法所得数额等情形认定该行为构成犯罪，此时对该行为应如何定性成为难题。

其二，通过付费购买获取账号的行为，是否构成犯罪？这一直是个争议问题。② 根据《关于办理侵犯公民个人信息刑事案件适用法律若干问题的解释》（以下简称《解释》）第 1 条对公民个人信息所作的列举，形成"流量"的网络账号若符合可识别特定自然人身份的特征，则应属于公民个人信息的一种。实践中，对不同平台的账号应有不同的认定标准，值得注意的是，若获取的账号系利用白号等非实名手机号卡注册的，则不具备身份信息的特征，不能构成侵犯公民个人信息罪。我国《刑法》第 253 条之一规定，向他人出售公民个人信息、窃取或者以其他方法非法获取公民个人信息，均属于侵犯公民个人信息的行为。《解释》第 4 条规定，通过购买、收受、交换等方式获取公民个人信息应认定为以

---

① 参见陈兴良：《互联网帐号恶意注册黑色产业的刑法思考》，载《清华法学》2019 年第 6 期。

② 参见喻海松：《网络犯罪二十讲》，法律出版社 2018 年版，第 220 页。

其他方法非法获取公民个人信息。因此,采取购买的方法获取流量造假必不可少的账号数据,情节严重的,应当构成侵犯公民个人信息罪。

2. 出售账号的中游行为的定性。对后续倒卖收集来的账号数据,情节严重的,与购买行为可以作相同评价,即以侵犯公民个人信息罪追究其刑事责任。笔者在办理杨某某非法获取计算机信息系统数据案①中发现售卖账号等网络犯罪黑灰产出现新形式,往往由上游计算机犯罪牵出开设淘宝店铺、搭建非法平台出售他人网络账号及密码的下游行为,涉案团伙至案发之日充值金额高达百万元。笔者认为,若行为人设立公开平台出售账号,为电信网络诈骗、流量造假、网络赌博等网络"黑灰产"行业的违法犯罪活动提供了直接的帮助,该行为实际上已经成为整个犯罪链条的有机组成部分,属于明知他人利用信息网络实施犯罪而为其犯罪提供账号,情节严重的,可以视具体情形适用帮助信息网络犯罪活动罪。

3. 恶意刷量的下游行为定性。恶意刷量行为通常由人工刷量和机器刷量两种方式,百度诉我爱网络公司不正当竞争案系全国首例涉人工刷量平台干扰搜索引擎算法不正当竞争纠纷案。实践中对人工刷量行为多以不正当竞争法予以规制,目前尚未有司法实例对该行为作入罪评价。笔者认为,提供人工刷量业务,并从中谋取高额利益,系破坏市场经济秩序的行为,情节严重的,可能构成非法经营罪。机器刷量则涉及利用开发的刷量软件进行批量登录、自动化点赞、转发、评论,这种刷量软件突破了原版网络系统的正常功能,若经过专门机构鉴定为破坏性程序,则可能构成提供侵入、非法控制计算机信息系统程序、工具罪。

流量造假行为中除了实施造假行为方之外,还有购买方,如果购买方通过购买虚假流量,以获取自己不应当得到的利益,如欺骗广告商或欺骗其他人,有可能会构成诈骗;如果只是通过恶意刷流量的方式来恶意竞争,则属于不正当竞争行为,不应用刑法予以规制。

(二)罪名适用的困境

目前,《刑法》对流量造假行为尚无明文规定,如何在罪刑法定原则下对部分罪名进行解释,从而将某些流量造假行为纳入刑法规制范畴,已引发学界和实务界的关注和思考。对网络犯罪的刑法规制应采取同类构成要件并行类型化模式,这对网络犯罪中犯罪模型的构建提出了更高的要求,也意味着对网络犯罪行为的类型化分析提出了难题。②

1. 非法经营罪:以"组织刷单"案为例。电商平台刷单属于一种特殊的流量造假行为,非法经营罪的确可以制裁刷单炒信行为的组织,但难以对其他恶意刷量行为及主体进行刑事处罚。就行为模式而言,恶意刷量行为的外延较刷单炒信行为更加宽广,不能

---

① 参见江苏省扬州市邗江区人民法院(2022)苏1003刑初42号刑事判决书。

② 参见陈兴良:《互联网帐号恶意注册黑色产业的刑法思考》,载《清华法学》2019年第6期。

一概认定为“利用互联网对商品、服务作虚假宣传”。因此，非法经营罪在打击刷单炒信行为的组织者时是有效的，但对其他纯粹刷量行为和普通刷手则存在入罪上的漏洞。

2. 提供、侵入、非法控制计算机信息系统程序、工具罪：以“蔡某某流量造假”案为例。蔡某某提供、侵入、非法控制计算机信息系统程序、工具案①中，被告人在未获得新浪微博授权的前提下，自行开发名为“星援”的 App，有偿为他人提供不需要登录微博客户端即可转发微博博文及自动批量转发微博博文的功能。后大量软件用户以向“星援”App 充值的形式有偿使用该软件，并通过运行上述软件侵入新浪微博公司服务器。经统计，至案发时该软件已有用户使用 19 万余个控制端微博账号登录，被告人获取充值金额人民币 600 余万元。涉案软件破坏了微博本身所设定的转发机制，影响了微博系统的正常运行，并且对用户账号安全也产生了威胁。故此类行为可以被认定为法律意义上的破坏行为。笔者认为，能否适用计算机犯罪打击恶意刷量行为，应当根据刷量手段的破坏程度来具体分析。对其他手段较为平和、无攻击性的“流量黑灰产”则存在入罪漏洞。在个别情形下，可能出现罪名形式符合但刑罚过重的现象，若适用破坏计算机信息系统罪、非法利用信息网络罪等，形式上似乎都符合构成要件，但刑罚可能存在畸重的现象，适当时对这些罪名构成要件要作适当限缩解释，对部分案件选择适用罪刑更加均衡的罪名。②

3. 数罪竞合。流量造假中涉及的数据违法犯罪行为侵害的法益具有复合性、独立性，也引起了传统刑法罪名选择适用争议。流量造假行为需要通过技术手段来实现，通常表现为入侵计算机信息系统以达到非法获取公民个人信息的目的，因而该行为可能会同时构成非法获取计算机信息系统数据罪、侵犯公民个人信息罪，两罪之间存在竞合关系。就出售账号的行为可能同时构成侵犯公民个人信息罪和帮助信息网络犯罪活动罪，从一重论处还是结合行为所起到的作用选择适用，还要进一步探讨。笔者认为，帮助信息网络犯罪活动罪在司法实践中常被作为网络犯罪的“兜底性罪名”，对此要一分为二地看，对于严重危害网络秩序，具有严重社会危害性的，构成其他犯罪的应当依法适用其他刑法条文进行定罪处罚，如果不符合其他犯罪构成的，要秉持积极解释的立场，在坚持罪刑法定原则的前提下可以将其纳入帮助信息网络犯罪活动罪的适用范围，以尽力堵塞刑法规制漏洞。

三、归责的趋势：流量造假刑法责任的分配模式转型

互联网时代，流量造假行为背后藏着巨大的利益，相关网络犯罪黑灰产业链的滋生，既有刑事规制不力的原因，也有前置法律不健全和平台管理不到位的原因。因此，用刑法规制流量造假不能一味从重。与此同时，平台在其中扮演着重要的角色，亦不能将个

---

① 参见北京市丰台区人民法院(2019)京 0106 刑初 1813 号刑事判决书。

② 参见喻海松：《网络犯罪黑灰产业链的样态与规制》，载《国家检察官学院学报》2021 年第 1 期。

人责任和平台责任混为一谈，应当避免“平台割韭菜，个人来担责”现象的发生[①]。

（一）个人责任和平台责任分配

在传统刑法观下，对于刑事责任的追责，以个人追责为主，而对于平台追责却较为忽视。但在流量造假的互联网生态下，平台可能会成为数据造假的推动者和获利者，这种责任分配上的偏颇显然和现实状况相悖。《网络信息内容生态治理规定》、《消费者权益保护法》、《广告法》和《互联网信息服务管理办法》均对互联网平台的义务与责任有所规定，肯定了平台的重要角色定位，平台凭借技术和规则优势正在塑造全新的互联网秩序，其已经不再停留于扮演“单纯通道”的消极角色，而是积极充当承担主动注意义务的“内容框架提供者”的角色，具备了影响网络行为的动机与能力。[②] 因此，个人责任和平台责任的界限必然要被厘清，平台的定期监管既能排查出异常的风险，也能对开始实施的网络犯罪行为及时制止，所以应充分发挥平台的公共属性和治理权力。

互联网平台承担的主要法律义务包括注意义务与审查义务，应常态化开展平台的运营安全保障和流量异常识别工作，及时对虚假内容和账号进行提示、封停并对有关部门进行报告，制止并消除违法内容，同时应加快技术规范制定，提升网络平台的流量运营安全保障功能。流量造假的归责是刑法教义学方案中关键的一个环节。网络监管部门和相关行业组织应加快技术规范制定，提升网络平台的流量运营安全保障功能：一是明确网络平台识别流量异常的操作规则，以有效对流量运营风险作出反应；二是丰富网络平台干预流量造假的具体举措，如屏蔽设置、网站提示、合理追踪和及时曝光等；三是细化网络平台惩治流量造假的规范种类，如分时限流、短期加入黑名单、长期封号等；四是提升网络平台算法规则设计，克服“唯流量论”的标签效应。

（二）入罪标准初探

我国现行《刑法》关于网络犯罪的部分罪名设置距今较为久远，相关司法解释的制定系在“黑灰产”泛滥之前，对相关定罪量刑标准的设置可能未考虑到适用于黑灰产的情况。目前对于可能构成犯罪的流量造假行为并没有规定类型化的单独罪名。有学者提出可以对数据犯罪行为进行类型化评价，[③]也有学者提出增设“利用信息网络妨害业务罪”，将在现代信息社会利用信息网络妨害业务的危害行为进行定性，即对利用互联网刷单炒信，在系统外对他人的计算机信息系统实施物理性干扰，以及有权进入他人计算机信息系统后对关键数据进行操作的行为，应以利用信息网络妨害业务罪定罪处罚。[④] 笔者认为，因网络犯罪黑灰产行为类型日益复杂化，当前无法对其总结归类评价，应依据以

---

① 参见贾斯瑶、郭旨龙：《数据犯罪刑事治理的新思路——以流量造假行为为切入点》，载《中国检察官》2022年第7期。

② 参见刘文杰：《网络服务提供者的安全保障义务》，载《中外法学》2012年第2期。

③ 参见刘艳红：《人工智能时代网络游戏外挂的刑法规制》，载《华东政法大学学报》2022年第1期。

④ 参见周光权：《刑法软性解释的限制与增设妨害业务罪》，载《中外法学》2019年第4期。

下原则在当前刑法框架内进行规制。

第一,技术规范应优先于法律规范。优先使用技术规范应对流量造假,能够及时发现并规避流量过于集中的现象。同时应加快技术规范制定,提升网络平台的流量运营安全保障功能,细化网络平台惩治流量造假的规范种类,从平台管理的前置手段上直接扼杀流量造假的苗头。

第二,穷尽民法等其他应对资源。在网络黑灰产行业,刑法难以实现全面评价和惩治。因为刑法谦抑性强调,运用行政、民事等手段即可处理的,就没有必要以刑法手段规制,但由于流量造假这一产业中上下游呈现规模化、匿名化等特点,其他部门法在对其进行惩处时出现了治理失灵的状况,因此迫切需要诉诸刑法这一最后保护手段。在民法中,应穷尽违反公序良俗原则、违反社会公共利益等合同无效情形,确认流量造假的民事违法,并追究其民事赔偿责任;在反不正当竞争法中,应穷尽不当获得竞争优势,扰乱市场竞争秩序并损害相关主体的权利等不正当竞争情形,确认流量造假的不正当竞争性质,并追究其民事责任;在行政法中,应穷尽虚假宣传、虚假交易、虚假访问、虚假点击等规定,确认流量造假的行政不法,并追究其行政责任。

第三,入罪时要严格遵照犯罪的构成要件予以评价。要判断流量造假是否造成了法所不允许的风险;侵害的法益是否在刑法保护的范围之内;对于没有侵害流量运营安全、仅造成短期流量运营异常、因介入防控举措而避免风险不当扩大等情形,刑法应秉持审慎打击态度。①

四、结语

在网络空间,我国针对网络犯罪立法的主要问题是犯罪化不足,而非过度犯罪化。流量造假是当下互联网环境下典型的数据犯罪,现代数字经济的核心是数据、信息,但现行《刑法》显然对此保护薄弱。因此,适度的刑法规制是破解网络空间立法不足的刚性需求,也是维护清朗的网络环境和公平的市场竞争秩序的必然要求。

---

① 参见李谦:《流量造假的刑法治理》,载《检察日报》2020 年 12 月 21 日,第 3 版。

公诉案件起诉必要性审查探析

盛庆雯　陆秀勇　何　伟*

摘要:起诉法定主义在我国既有实践也有经验教训,起诉必要性顺应起诉便宜的发展趋势,是完善国家治理体系和治理能力的重要内容。司法实践中,在司法人员刑罚观念、司法理念以及工作机制等方面还存在制约起诉必要性作用发挥的因素。起诉必要性审查核心是公共利益审查,可以根据犯罪严重程度、个人危险性、公共政策细化起诉必要性审查因素。通过构建强制起诉制度,逐步从微罪案件开始,建立起诉或者不起诉关键指标,建立起诉必要性审查的基础。

关键词:刑罚个别化　起诉必要性审查　起诉裁量

随着经济社会发展,客观上犯罪圈在不断扩大,使刑法承担着参与社会治理的重要功能。从立法目的看,一方面,密织法网,通过刑事制裁将严重危害社会的行为予以规制,更好实现社会防卫的目的;另一方面,在打击上要体现轻重有度,以实现社会公平正义。起诉必要性审查是通过司法衡平犯罪圈扩大的趋势,实现个案公平正义的有效途径。

一、起诉必要性裁量顺应刑罚观变化

起诉必要性审查,是指检察机关案件经过证据审查环节,在如何处理上综合考察犯罪事实、犯罪嫌疑人情况和社会公共利益等各种因素,进而判断有无向法院提起公诉必要,以便对行为人追究刑事责任的考量①。当前,起诉必要性审查规则的研究还不深入系统,司法办案中如何具体把握也处于各地自行探索阶段,没有形成规范做法。

---

* 盛庆雯,江苏省泰州市姜堰区人民检察院党组成员、检委会专职委员;陆秀勇,江苏省泰州市姜堰区人民检察院检察官助理;何伟,江苏省泰州市姜堰区人民检察院检察官助理。

① 苗生明:《立足司法实践创设起诉必要性审查制度》,载《检察日报》2010年12月20日,第3版。

（一）起诉必要性理论嬗变

起诉必要性是以承认检察官具有起诉裁量权为前提，其法理基础是起诉便宜主义。与起诉便宜主义相对应的是起诉法定主义，是指检察官认为犯罪已具备法定起诉条件时就必须依职权提起公诉的原则。检察官在决定对一个刑事案件犯罪嫌疑人是否起诉时，是否可根据案情进行必要的裁量，是二者的重要区别。近代以来，英美法系国家的检察官实际拥有更宽泛的自由裁量权；19 世纪中叶之前，大陆法系国家一直实行起诉法定主义，否认检察官享有不起诉裁量权。这种“有罪必诉”的做法，实践中极易引发被追诉人的极端情绪，从而导致二次危险行为。①

19 世纪末期，随着根深蒂固的报应刑主义逐渐被目的刑以及教育刑主义所替代，刑事司法也开始从注重对社会的一般预防转向对犯罪人的特殊预防。② 与此同时，一方面犯罪数量日益增长，另一方面司法资源趋向紧张，两者之间的现实矛盾，促使人们必须考虑惩治犯罪所付出的经济成本。起诉便宜主义正是在这种历史背景下应运而生。20 世纪以来，起诉法定主义占主导地位的大陆法系国家也逐步肯定了起诉便宜主义的合理性，开始在刑事诉讼中赋予检察官一定的不起诉裁量权。以德国为例，德国是典型的大陆法系国家，之前采用起诉法定主义，“二战”结束之后，德国基于社会现实需要，对此进行了改变，赋予检察官可以对犯罪情节轻微、危害不大的刑事案件在法律规定范围内作出不予起诉决定的权力。日本公诉机关实行起诉犹豫制度，检察官被赋予了较大不起诉自由裁量权，在审查起诉时，需要对犯罪嫌疑人的个人因素、犯罪后表现、犯罪事实和量刑情节等进行综合考量，从而对该犯罪嫌疑人作出是否公诉的决定。③

（二）我国起诉必要性的历史考察

自清末修律建立近现代刑事诉讼制度以来，我国起诉模式在清末、民国时期也经历了转变。1907 年《京师高等以下各级审判厅试办章程》规定：“凡经检察官起诉案件审判厅不得无故拒却，被害者亦不得自为和解。”1911 年《刑事诉讼律（草案）》采用起诉法定主义，“检察官依侦查所得之证据，足认被告有犯罪嫌疑者，应提起公诉”，检察官对构成犯罪的案件没有不起诉权。这种模式造成大量的轻微犯罪案件进入刑事诉讼程序，势必加剧源源不断涌入的刑事诉讼程序案件与有限司法资源供给之间的严重对立矛盾。除了司法资源捉襟见肘外，还带来一些社会问题，有些犯罪分子仅被处以短期自由刑，却在监禁刑场所被“交叉感染”，服刑后行为人被贴上“犯罪”标签，不利于其回归社会。为此，1928 年《刑事诉讼法》和 1935 年《刑事诉讼法》转而采用起诉便宜主义，赋予检察机关不同程度的起诉裁量权。检察机关开始从有助于行为人回归社会、提高司法办案效率的角

---

① 例如，实行起诉法定主义会加重法院的负担、降低审判质量；会使大量轻微犯罪人承受短期自由刑带来的弊害；会造成监狱人满为患，增加国家的财政负担，等等。

② 王春、郝银钟：《论起诉法定主义——兼谈起诉便宜主义的可采性》，载《法学》1993 年第 9 期。

③ 参见樊崇义主编：《刑事审判前程序改革与展望》，中国人民公安大学出版社 2005 年版，第 752 - 753 页。

度，逐步在轻微犯罪案件中实行不起诉裁量制度，并强制规定了不起诉案件比例要求，检察官应该对轻微犯罪案件不起诉，并且每月不起诉的案件数量不少于收案总数的10%①。1928年《刑事诉讼法》实施当年，全国办结案件共计98511件，其中酌定不起诉案件约占58%。1935年《刑事诉讼法》进一步扩大了酌定不起诉范围，第二年案件不起诉率为63%②。尽管如此，检察机关仍受到"滥行起诉"的批评。1937年，民国政府司法行政部发布训令，重申厉行不起诉处分要求，明确将不起诉比例作为考核检察官的一项重要标准。

（三）起诉必要性的实践探索

2018年修正的《刑事诉讼法》第182条规定了基于重大立功或者涉及国家重大利益的特殊不起诉，至此我国《刑事诉讼法》明确了绝对不起诉、相对不起诉、存疑不起诉以及特殊程序不起诉四种类型。需要说明的是，《刑事诉讼法》第284条规定的附条件不起诉不是独立的不起诉类型，最终转化为相对不起诉或者起诉。学界普遍认为我国以起诉法定主义为主，兼采起诉便宜主义。之前起诉必要性在理论层面探讨较多，进入21世纪后，起诉必要性审查的工作要求最先是以相关政策文件的形式进入司法实务层面。如2005年全国政法工作会议上第一次明确提出宽严相济刑事政策，即根据犯罪的具体情形区别对待，该宽则宽，该严则严。起诉必要性审查是在审查起诉环节落实宽严相济刑事政策的重要体现。2009年全国政法工作电视电话会议提出要对案件进行起诉必要性审查。③ 检察机关承担着起诉必要性审查主要责任，最高人民检察院以工作文件的形式，推进起诉必要性审查工作。如2006年《关于在检察工作中贯彻宽严相济刑事司法政策的若干意见》、2013年《人民检察院办理未成年人刑事案件的规定》，均明确提出贯彻宽严相济刑事政策，可以对符合相关条件的初犯、偶犯以及认罪态度好的犯罪嫌疑人作不起诉处理，这就属于起诉必要性审查的范畴。在刑事实体法方面，司法解释明确规定可以不起诉的情形，如2013年《关于办理盗窃刑事案件适用法律若干问题的解释》第7条、2013年《关于办理抢夺刑事案件适用法律若干问题的解释》第5条等。

二、制约起诉裁量适用的因素

虽然理念上应当从报应刑转向预防刑、教育刑主义，但是检察官作为犯罪追诉程序的启动者，有着追诉犯罪的天然倾向。实践中，还存在诸多制约起诉必要性裁量推行的因素。

（一）个别化刑法观未能普遍获得认同

刑罚个别化涉及宪法上平等权的理解。我国《宪法》第33条第2款规定了公民在法

---

① 徐清：《起诉裁量权：一个微罪不起诉的视角》，载《检察日报》2020年1月17日，第6版。
② 徐清：《起诉裁量权：一个微罪不起诉的视角》，载《检察日报》2020年1月17日，第6版。
③ 江苏省海门市人民检察院课题组：《起诉必要性问题研究》，载《中国检察官》2011年第15期。

律面前一律平等。我国《刑法》第 4 条将该原则作为刑法适用的基本原则。所谓法律面前一律平等，追求的不仅仅是形式平等，更包含了实质平等的要求，绝对追求形式的平等可能造成实质的不平等，法律追求的平等是禁止不合理的差别。禁止不合理的差别与歧视，并承认合理的差别，成为各国追求平等的精神实质①。同时，关于“合理性”的判断标准在各国并不统一，并且随着经济社会的发展或者涉及的利益不同，呈现不同侧重面或者判断标准。德国联邦宪法法院早期以“禁止恣意”为标准，后因该标准不具备实质内涵，不能为判决提供确定标准而舍弃，于是合理性判断标准发展为一种实务判断路径，即在“立法者理智决定”基础上，以“事物本质”为审查范围，以“正义理念”为边界，并辅之以“比例原则”的审查方式，其中“比例原则”显得尤为重要。比例原则包含三个子原则：妥当性原则、必要性原则和均衡性原则（称为狭义的比例原则）②。在美国，“合理差别”也是平等权关注的重要内容，主要结合三种情形采取不同的标准，即在涉及社会经济权利的差别待遇案件中，只要手段与目的合理相关即可适用低层次审查标准；当差别待遇严重干扰公民的宪法政治权利的行使时，则要求手段是必需的，目的是紧迫的严格审查标准；当差别待遇涉及性别和身份等分类时，除涉及政治权利外，则要求手段与目的之间具有实质关联性的中等程度审查标准。③ 德国与美国关于平等权合理差别的理念为刑罚个别化运用提供了判断视角。

刑罚个别化是相对于刑罚一般化而言，注重犯罪嫌疑人的个体差异，其潜在的社会危险性以及复归社会的可能性，成为选择是否适用刑罚以及决定刑罚轻重的主要因素。该观点追求教育改造罪犯，使之尽早回归社会。刑罚个别化关注的是具体人的本身，将犯罪人的人身危险性作为理论立足点，并以此作为对犯罪人适当处分的基点，充分体现刑罚的“人性化”，彰显个案正义和防卫社会理念。

因主体身份不同，刑罚适用轻重有度，无论是刑事立法还是相关司法解释都有体现，如对未成年人、老年人、在校学生从宽处理的政策。刑事司法并不排斥行为人身份对刑罚适用的影响。但不可否认，在实际案件处理中，司法人员更多关注行为本身，对不同身份实施相同行为危害性可能存在差异的重视程度不够。

（二）司法观念有待更新

刑罚观更新不及时。报应刑刑罚观契合了刑罚的起源，长时间影响着检察官司法观念。报应刑刑罚观催生起诉法定主义，一旦完全接受报应刑的观点，就偏向于有罪必罚，势必将适用刑罚的重点放在对过去已然之罪的报应，极易产生重刑观念，忽略犯罪人个别情况，无法合理地根据犯罪人具体情况开展矫正教育，不利于预防犯罪人再犯，刑罚的

① 韩大元、林来梵、郑贤君：《宪法学专题研究》，中国人民大学出版社 2004 年版，第 310 页。

② 参见陈新民：《德国公法学基础理论》，山东人民出版社 2001 年版，第 375 页。

③ 邢益精：《论合理的差别待遇——宪法平等权的一个课题》，载《政治与法律》2005 年第 4 期。

社会效果就难以得到保证。目的刑刑罚观以社会保全为方针，强调在实现刑罚的价值功能时，并非采取压制，而是着眼于防范，即将改造和感化犯罪分子视为第一目的。[①] 在目的刑论理性指引下，将犯罪嫌疑人的人身危险性和再犯可能性作为考量因素，犯罪处理更加注重犯罪个别性，更能体现特殊预防功效，避免刑罚适用上的过量。

刑事司法观未能跟上适应积极刑事立法观。面对风险社会，将原本不属于犯罪的行为纳入刑事犯罪圈，如危险驾驶、高空抛物等。由于轻罪处罚较轻，重的不过拘役几个月，有的检察官认为处罚不重，完全丧失了对被告人成为犯罪人后所遭受权利剥夺应当具有的职业严谨和应有的同情、怜悯[②]。张明楷教授认为，从世界范围来看，有罪不罚是相当普遍的做法。在刑事立法更加活跃的当下，刑事司法积极推进“犯罪的成立范围与处罚范围的分离”，祛除“有罪必罚”的陈旧观念，对于犯罪情节较轻的，只需认定犯罪的成立，并辅之以非刑罚处分措施，最大程度上实现刑法的法益保护机能与自由保障机能的融合。[③]

司法责任制下规避风险考量。在司法责任制大背景下，一些检察官出于规避风险的考虑，更加倾向于选择稳妥性起诉，有意或者无意忽视不起诉裁量，往往倾向于“构罪即诉”。另外，不起诉案件的被评查频率高，一旦相对不起诉发生错误，其结果将是“办错案”的代价。这需要通过长期的理念更新予以纠偏。

（三）存在不愿适用问题

实践中不起诉决策运作程序也是检察官不愿适用不起诉的重要原因。适用不起诉的案件，一般要经过部门分管检察长参加的检察官联席会议讨论，再经过检察长决定；有的还需提交检察委员会讨论决定，有一些案件还需要举行公开听证程序，接受人民监督员等社会监督。办理一件不起诉案件可能花费的精力超过数件起诉案件，且办理不起诉案件没有明显的绩效收益，还可能带来多重案件评查。这导致检察官行使起诉裁量权作不起诉处理的内在动力不足。

三、起诉裁量考虑因素分析

刑罚乃一把“双刃剑”，用之不当，则国家和个人两受其害。我国检察官是公共利益的代表，要通过充分行使不起诉权，最大限度地减少刑罚适用不当的危害。在实践中，起诉必要性主要以社会危害性来衡量。

（一）犯罪严重程度

犯罪的最本质特征是对法益的侵害。起诉裁定强调对犯罪嫌疑人的特殊预防，预防

---

① 刘晓山、夏娜：《目的刑论引导刑事立法司法回归理性》，载《检察日报》2015 年 2 月 4 日，第 3 版。

② 林维：《警惕轻罪适用中罪刑法定和无罪推定的背离》，载《法治日报》2022 年 6 月 22 日，第 9 版。

③ 参见张明楷：《犯罪的成立范围与处罚范围的分离》，载《东方法学》2022 年第 4 期。

刑不能完全脱离责任刑，作为确定责任刑基础的犯罪危害性在考虑起诉裁量时不能忽视。作出是否起诉决定时，应当将犯罪的性质、罪行的轻重、犯罪情节以及可能判处刑罚的轻重作为审查的重要因素。笔者认为，罪行的轻重可以从犯罪侵犯的法益、行为动机目的、罪过程度、行为造成的危害后果（包括危险状态）、所涉犯罪对应的法定刑、行为的性质等方面综合判断。

（二）犯罪嫌疑人人身危险性

犯罪嫌疑人是起诉必要性审查的重要考量因素。其主要包括以下三个方面：(1)犯罪嫌疑人个人情况，如是否属于未成年人、老年人、精神智力水平、生活经历以及平时一贯表现、是否有前科劣迹等。具有前科劣迹的，一般不考虑相对不起诉。(2)犯罪嫌疑人案后表现，如有无悔罪表现、有无逃匿、有无隐藏或毁灭证据等行为、是否具有自首立功、是否赔偿被害人或与被害人达成和解、是否积极弥补犯罪损害等。(3)犯罪嫌疑人改造的难易程度及回归社会可能性大小，也包括家庭和社区对犯罪嫌疑人的保护情况，追诉是否有利于犯罪嫌疑人的教育和改造，是否有其他非刑事处罚替代措施等。

（三）社会公共利益考量

起诉必要性应当且必须充分评估案件处理对社会公共利益造成的影响。各国在刑事诉讼中普遍将公共利益作为优先考虑的因素，追诉犯罪让位于公共利益。如我国刑事诉讼法规定的特别不起诉程序，主要就是基于公共利益的考虑。再如，英国《皇家检察官准则》将公共利益考量作为检察官办案的基本准则（另一准则为法治原则），案件作出决定需要经过两步检验：证据审查与公共利益审查。只有两项审查均符合时，皇家检察官才能提起或者继续进行该案件的诉讼。[①] 公共利益在刑事诉讼中可以主要从以下三个方面衡量：一是从政治角度考虑，如国家安全、国防、外交等；二是从预防犯罪和社会治安方面考虑，案件处理应当考虑社会效果和民意取向，公众媒体对案件的关注程度，民众的法律情感、法律意识的容忍程度，不起诉是否会造成不良的社会影响等；三是被害人的意愿和要求，包括被害人对追诉犯罪的态度，被害人所受侵害、损失以及获得赔偿、谅解等情况。公共利益是一项独立考察指标，即使案件满足上述第一、二项条件，如果不起诉不符合公共利益的，仍应当提起公诉。

四、起诉裁量的实现路径

犯罪严重程度是起诉裁量考量的重要因素，以可能判处法定刑作为衡量标尺，以严重犯罪原则起诉、轻微案件原则不起诉作为案件处置基本方向，同时可以确定起诉与否的关键性指标，从而建构起诉裁量的实现路径。

---

① 参见谢洪：《论检察官“不起诉决定”自由裁量权》，西南大学 2020 年硕士学位论文。

（一）规定某类案件强制起诉制度

德国《刑事诉讼法》第172条规定了强制起诉制度，明确被害人不服检察官不起诉决定的，经法定程序，可申请州（邦）高等法院启动强制起诉程序。[①] 该制度在日本称为“准起诉”，对于检察机关不起诉的，律师可以代行公诉职能，主要涉及对公务员滥用职权罪、司法人员滥用罪、司职员暴力执行致人损害行为、滥用职权致人死伤罪。[②] 德国与日本，从保障被害人权利、监督检察官的角度，创设了强制起诉或者准起诉制度，日本更强调对公务人员相关犯罪的起诉。强制起诉应适用于重罪案件。对于轻罪与重罪如何划分，世界各国均无具体定义，不过有一个是共同和肯定的，即轻罪在刑法规定的犯罪总量中应占绝大多数。如果一国刑事立法所规定的多数或绝大多数犯罪为重罪，便意味着相应地要对这些多数或绝大多数犯罪实施重罪之严厉的实体、程序处遇。我国《刑法》现有483个罪名，最高刑为5年以下有期徒刑的刑罚罪名，占所有罪名的80%左右。这一比例与德国刑法中轻罪行所占的比例基本相当。这一比例符合轻罪占绝大多数这一应然性和世界性的规律，从构建强制起诉制度而言，可以将判处5年有期徒刑以上刑罚作为强制起诉的刑罚条件。

（二）从轻微案件逐步推行裁量不起诉

起诉必要性裁量的结果就是对于部分案件进行程序分流，实现部分案件的出罪效果。可以将以下认罪认罚案件作为起诉必要性关注的重点：一是未成年人、在校学生犯罪案件。该类人员心智尚未成熟、可塑性强，对其从宽处理有助于其较快回归社会。二是涉市场主体犯罪案件。与涉案企业合规试点工作相结合，对于符合不起诉条件的，应当作出不起诉决定。三是达成和解的轻伤害案件、盗窃案件。《刑事诉讼法》规定刑事和解制度，此类案件主要因民间纠纷引发，带有一定偶然性，从宽处理有利于修复被损坏的社会关系。四是危险驾驶案件。醉酒型危险驾驶案件发案数量大、涉及人员较多、法定刑轻，对于血液酒精含量较低、没有从重情节的危险驾驶行为，可以认为情节轻微从而相对不起诉。

（三）探索起诉或者不起诉关键指标

起诉必要性审查后，认为犯罪情节轻微的，应作出相对不起诉处理，否则，即应提起公诉。如何确定犯罪情节是否轻微，需要结合个案具体情节具体分析。有的地方在实践中依据量刑规范模拟量刑，对可能判处有期徒刑以下的案件，原则上适用不起诉。此种方法，存在量刑基准以及相关量刑因素的个案选择不确定的问题。有的论者提出了危险驾驶、诈骗罪等七种常见犯罪的相对不起诉标准。[③] 但列举有余，归纳不足，不利于从方

---

① 参见林钰雄：《浅介德国法制检察官的诉讼监督模式》，载《军法专刊》1999年第1期。

② 参见刘磊：《不起诉裁量权审查机制的本土化构建》，载《东方法学》2010年第3期。

③ 参见刘惠、付强、霍晨雪：《认罪认罚案件常见罪名相对不起诉的适用标准》，载《中国检察官》2022年第15期。

法论层面对起诉相关因素的把握。笔者尝试寻找量刑中的“举足轻重”的因素，建立起诉或者不起诉的关键指标。

1. 起诉相关标准。一是根据涉及的罪名。对于危害国家安全犯罪、恐怖活动犯罪、毒品犯罪、涉黑恶犯罪、危害公共安全犯罪以及侵犯公民人身权的故意杀人、强奸、绑架等严重暴力犯罪等应依法从严追诉、从重打击，原则上应当起诉。二是根据犯罪嫌疑人的人身危险性。根据《刑法》第65条的规定，累犯应当从重处罚。累犯犯罪分子具有较大的社会危险性，对于累犯应当提起公诉。

2. 不起诉相关标准。一是从是否可以自诉角度考察。对于原则上可自诉的案件，尊重当事人意愿，当事人同意不起诉的，可以作不起诉处理。二是从特殊犯罪主体角度考虑。对法定刑3年有期徒刑以下刑罚的未成年人犯罪可以作相对不起诉处理。三是从特殊场景考察。对于因生活所迫、学习、治病急需而实施的可能判处3年有期徒刑以下刑罚的财产犯罪，犯罪后有退赃表示，积极退赃，或者虽无赔偿能力但得到被害人谅解的，可以作不起诉处理。

五、结语

起诉必要性顺应起诉便宜的发展趋势，符合我国经济社会以及完善国家治理体系和治理能力更高发展的要求。起诉必要性审查应当立足个案裁量，借鉴常见犯罪量刑标准模拟量刑，系统体系建构起诉必要性考虑因素，准确把握轻微犯罪认定方法，实现刑法的治理功效。

行贿犯罪不正当利益追缴机制的构建

江苏省宜兴市人民检察院课题组*

摘要:行贿犯罪不正当利益追缴机制是落实"受贿行贿一起查"政策的重要手段,是"任何人不因不法行为获利"这一法谚的体现,有相当的现实需要。在构建不正当利益追缴机制过程中应严格遵循罪刑法定原则、正当程序原则与宽严相济刑事政策,彻底剥夺行贿人不法获利的同时保障其合法权益,做好行贿犯罪治理工作。并在厘清不正当利益范围的基础上,可从目标设定、诉源治理、多方协作、行政处置等方面构建具有可操作性的行贿犯罪不正当利益追缴机制。

关键词:行贿犯罪　不正当利益　追缴

实践表明,行贿是贿赂犯罪的主要源头,惩治行贿行为是腐败问题标本兼治的必然要求。党的十九大报告提出"坚持受贿行贿一起查"。2021 年,中央纪委国家监委、中央组织部、中央统战部、中央政法委、最高人民法院、最高人民检察院等联合印发《关于进一步推进受贿行贿一起查的意见》,强调要坚决查处行贿行为,推进受贿行贿一起查规范化法治化。2022 年最高人民检察院(以下简称最高检)发布《关于加强行贿犯罪案件办理工作的指导意见》,强调要加大力度追缴和纠正行贿所获不正当利益。2023 年最高检印发的《2023—2027 年检察改革工作规划》提出,健全落实受贿行贿一起查工作机制。综上可见,随着反腐败斗争向纵深推进,严厉打击行贿犯罪,追缴行贿犯罪不正当利益迫在眉睫。

但是,当下司法实践中仍然存在一定"重受贿轻行贿"的倾向。在中国裁判文书网中

---

* 课题负责人:张志钢,江苏省宜兴市人民检察院党组书记、检察长;韩彦霞,江苏省无锡市人民检察院法律政策研究室副主任。课题组成员:黄晓亮,北京师范大学法学院教授,法学博士;赵誉涛,江苏省宜兴市人民检察院第三检察部主任;王羽,江苏省宜兴市人民检察院第三检察部检察官助理;王延卫,江苏省宜兴市人民检察院张渚检察室副主任。本文系 2023 年度最高人民检察院检察应用理论研究课题"'受贿行贿一起查'背景下治理行贿不正当利益问题研究"阶段性成果。

搜索、分析 2022 年行贿犯罪刑事判决书，其中 71 份刑事判决书中，仅有 21 份明确追缴行贿人所获不正当利益，不足三成。一方面，从学理角度来说，行贿罪的保护法益是国家工作人员职务行为的不可收买性，[①]由此导致立法在行贿与受贿两罪量刑上存在偏差，进而在一定程度上影响了司法人员的立场判断，使法律适用过程再次放大两罪的罪量差距。另一方面，从实践角度来说，作为对向犯，受贿罪的查处需要行贿人的配合，若对行贿犯罪采用严打手段将打击行贿人配合侦查工作的积极性，增加职务犯罪办案难度。同时，在追缴不正当利益的司法实践中，仍然存在以罚代没、以上缴额代替认定不正当利益具体金额的做法，行贿犯罪不正当利益追缴在认定标准、处置方式等方面仍存制度性缺位。[②] 因此，本文将在划定不正当利益追缴范围的基础上，提出构建一套具有可操作性的追缴机制。

一、不正当利益追缴机制构建的原则遵循

《刑法》第 64 条规定司法机关应当收缴违法所得一切财物，给予了行贿犯罪不正当利益追缴制度充分的法律正当性。“任何人不因不法行为获利”的古老法律格言给予该制度充分的法理必要性。

不正当利益的追缴涉及行贿人财产权益，是司法机关在办案过程中积极推进行贿受贿犯罪追赃挽损工作的重要内容。根据案件办理的实践情况，行贿犯罪不正当利益的范围认定存在争议，并且不正当利益的金额往往较为庞大，一旦超过合理认定范围进行追缴或者违反程序追缴，将对行贿人的合法财产造成极大的负面影响，直接损害其正当权益。因此，在构建不正当利益追缴机制时，应严格遵循罪刑法定原则、正当程序原则与宽严相济的刑事政策。

（一）罪刑法定原则

罪刑法定原则作为刑法基本原则，贯彻司法全流程，应秉持谨慎克制的解释立场，严格刑法条文文义解释的基础，并以法益保护为核心进行解释。[③]《刑法》第 389 条将“谋取不正当利益”作为行贿犯罪构成要件，2012 年最高人民法院、最高人民检察院发布的《关于办理行贿刑事案件具体应用法律若干问题的解释》（以下简称《解释》）第 12 条对该要件展开论述，但有关具体界定标准的争议始终存在。在判断利益是否具有不正当性质时，必须坚持罪刑法定原则，以法律规定条文为根本遵循，同时从行贿犯罪保护法益出发，以国家工作人员职务行为的不可收买性为判断依据，从而对行贿人获得的有关利益性质进行具体分析。

---

① 参见张明楷：《刑法学》（第六版），法律出版社 2021 年版，第 1615 页。

② 参见李鹏飞：《行贿获取不正当财产性利益的处置现状、存在问题及路径选择——以中国裁判文书网公布的行贿案例为样本》，载《法律适用》2022 年第 10 期。

③ 参见江溯：《罪刑法定原则的现代挑战及其应对》，载《政法论丛》2021 年第 3 期。

（二）正当程序原则

行贿犯罪不正当利益追缴机制的构建涉及监察机关与检察机关的合作，必须坚持正当程序原则，确保不正当利益追缴过程中实体与程序双重正义的实现。监、检机关在合作过程中，应严守法律底线，遵守法定程序，做好《监察法》与《人民检察院刑事诉讼规则》等规定的衔接。明确双方职权范围，构建既形成合力又互相制约的良好局面。合理确定检察机关提前介入时间与流程，及时告知监察机关不正当利益追缴有关情况。细化双方具体职责、规范追缴工作衔接程序、合理分摊各自责任，提高合作效率，避免出现因职责不清导致的空白环节以及因职责冲突导致的无效沟通，从而确保行贿犯罪不正当利益的追缴工作落实到位，防止不当追缴损害财产权人利益情形的出现。

（三）宽严相济的刑事政策

宽严相济的刑事政策作为惩办与宽大相结合刑事政策的继承和发展的理论成果，是当下刑事司法应当坚持贯彻的基本刑事政策，①是追缴行贿犯罪不正当利益必须坚持落实的政策。一方面，当下行贿犯罪的严峻形势要求对行贿行为保持严打态势；另一方面，若一味追求严厉而忽视宽缓，将难以保证有关政策的长久有效性，可能出现行贿犯罪的反弹现象。因此，在不正当利益追缴机制构建过程中，既要坚定追缴一切不正当利益的态度不动摇，也需充分保障行贿人合法财产权的行使，严格认定不正当利益范围，并将追缴情况作为酌定从宽量刑情节进行考量。同时推进制度构建中要兼顾宽与严两个方面，把握两者尺度，该严则严，当宽则宽，从而使不正当利益追缴机制具有充分的合理性与可行性。

二、不正当利益的范围认定与数额计算

行贿犯罪利益往往呈现出正当性和不正当性相互交织的特点，更需严格遵循法律认定原则，合理划定不正当利益范围，在追缴一切违法所得的同时保护好合法财产。在不让行贿人因行贿行为获利的同时，要避免追缴有关不正当利益给行贿人及其家属的正常生产、生活造成不必要影响。

（一）不正当利益的性质判断

《解释》第 12 条将行贿犯罪描述为具有实体层面不正当利益、通过非正当的程序获得且本身具有不确定性的三个基本条件，②由此导致一些观点将不正当利益的界定分为实体不正当、程序不正当与违反公平公正原则三大标准。但是，细究三个标准的本质，实际上能够将其划分为两大类，程序不正当能够将实体不正当涵盖在内。依据《解释》的规定，实体不正当指向的是违反法律规定而存在的利益，但在法秩序统一原则下，违法本质

---

① 参见马克昌：《论宽严相济刑事政策的定位》，载《中国法学》2007 年第 4 期。

② 参见桂林：《从立法原意界定“不正当利益”内涵》，载《检察日报》2017 年 8 月 7 日，第 3 版。

就使其不可能具有程序正当性,不存在通过合法程序可以取得的不正当利益。实体公正以程序公正为前提,如果实现实体公正的程序违反法律规定,那么实体公正就不可能实现。[①] 程序违法意味着国家工作人员违反法律规定影响了利益分配,将利益不正当性与行贿罪法益挂钩,更符合行贿犯罪权钱交易的特点。

违反公平公正原则可以被视为对程序不正当规定的进一步补充。从功能解释角度出发,这一要件应重新限定为行贿人要求国家工作人员在经济人事组织管理等过程中违反公平公正原则,为自己谋取不正当的竞争优势,[②]此处竞争优势局限在受贿人的自由裁量权行使范围内。例如,通过向项目考核验收人行贿,获得项目验收全优评定结果,从而获得相应奖励。若受贿人在不具有自由裁量权的范围内违反法律规定而给予行贿人竞争优势,应视为程序不正当。例如,在刘某等人行贿案中,刘某通过给予国家工作人员财物 140 万元,谋取工程项目承揽、获取招标前内幕信息。[③] 该案中,刘某的中标机会是通过国家工作人员违反规定的行为获得的,其程序决定了所获利益的不正当性,而非单单获得了竞争优势。

从程序不正当角度切入进行不正当利益的判断,实质是将不正当利益与受贿人的职务行为挂钩,更符合行贿罪的法益保护需求,也是在对向犯特征基础上对行贿罪进行的再阐释。但是,行贿罪保护的法益决定了司法人员在判断过程中难免会从受贿者角度出发,存在“重受贿轻行贿”倾向。因此,司法机关在实践过程中更需注意保持对行贿犯罪的严厉打击态度,以职务行为关联性为标准,明确不正当利益性质,坚决追缴不正当利益,做好追赃挽损工作。

（二）不正当利益的范围限定

《解释》将不正当利益分为财产性利益与非财产性利益,财产性利益又可进一步被细分为直接利益与间接利益。直接利益指因行贿行为直接获得的利益,如通过向司法人员行贿获得超出合理限度的损害赔偿。间接利益则是通过行贿获得交易机会或特定资质、职位,经过生产经营而获得的利益,如以行贿手段获得采矿权后取得的利润。

对于行贿所获得的直接利益需秉持一概追缴原则,让不法行为无利可图,最大化维护经济社会秩序,维护社会公平,严密刑事追缴网络,最大限度剥夺犯罪利润。监察机关与检察机关应查明财产性不正当利益的金额、用途、去向,及时采取查封、扣押、冻结等措施。间接利益的本质是违法所得,与行贿之间具有必然的因果关系,[④]这就决定了追缴行贿所获间接利益具有充分正当性。追缴间接利益本身即是国家运用公权力恢复财产正

---

① 参见杨凯:《行贿罪中不正当利益认定疑难问题评述》,载《中国检察官》2015 年第 21 期。

② 参见车浩:《行贿罪之“谋取不正当利益”的法理内涵》,载《法学研究》2017 年第 2 期。

③ 参见湖南省攸县人民法院(2021)湘 0223 刑初 232 号刑事判决书。

④ 参见陈元:《行贿犯罪所获间接经济利益的追缴研究——以 360 例行贿犯罪判决案例样本为研究对象》,载《河北法学》2017 年第 11 期。

常秩序,[①]是剥夺行贿人通过违法手段获得的财产异常增长。

相较于直接利益,间接利益的追缴在实践中存在诸多争议。首先,间接利益外延不明晰。间接利益中不仅包含着行贿带来的职务行为影响因素,而且包含着日常生产经营的产出,属于合理利润,且间接利益也在不断产生孳息,利益范围在迅速扩大。其次,当下行贿犯罪间接利益追缴标准并未明确,司法机关对于利润计算方法、间接利益归属等问题也缺乏统一认识。在间接利益难以计算的情况下,以罚金代替利益追缴或是以行贿人自行上缴款项作为不正当利益进行追缴的方式具有一定合理性。但是,通过此类方法,行贿犯罪不正当利益难以被剥夺彻底,行贿所需承担的成本与收益不成正比,不能充分发挥刑法的一般预防作用。

在划定间接利益的范围时,应准确抓住间接利益与职务行为的关联性,将其限定为行贿行为给财产带来的不正常波动结果。行贿人在获取交易机会或特殊身份后,即使为生产经营活动投入了其他成本,也不能以其为由否定利益的不正当性。虽然目前刑事法律尚未对行贿犯罪的间接利益追缴进行明确,但是行政法规中对此类利益的没收已经有了较为完备的规定。例如,依据《药品管理法》第 141 条的规定,药企给予医疗机构有关人员不正当利益的,由市场监督管理部门没收违法所得并处罚款。药企通过给予好处方式获得药品优先采购权,其获得的交易机会是违反正常市场竞争公平公正原则的,是职务行贿的不正当行使带来的财产异常增长。因此,为维持部门法律之间的协调,坚持法秩序统一原则,刑事法律规定也应将行贿犯罪导致的财产异常波动认定为间接利益并进行收缴。

非财产利益指向的是在升学就业、人事奖惩、资格评定等过程中获得的资质、荣誉等不具有直接经济型价值的利益。追缴的根本目的在于实现法的确证,对不法性予以否定和抵销。[②] 因此,针对非财产性利益,需秉持追缴不当获利原则,及时联系有关部门依法依规处理通过行贿取得的资质、学历、晋升职务等内容,防止因行政处置缺位而导致行贿人逃脱处罚的情形。

(三)不正当利益的金额计算

金额计算问题始终是行贿犯罪不正当利益追缴过程的一大难题,主要有以下几个方面的争议:

第一,在不正当利益与行贿人劳动收益混同时,是否需要扣除劳动成本等合理支出。宪法给予了公民获得劳动报酬的权利,即使是通过行贿获得药品经销资格、采矿权等利益,行贿人在日常生产经营过程中也需付出劳动成本。此收益归根结底源于劳动自身,是劳动成本创造的,公权力无法剥夺。同理,追缴不正当收益的核心要旨在于以公权力

---

① 参见陈思桐:《刑事没收违法所得的法律属性与实践效果》,载《中国刑警学院学报》2022 年第 2 期。

② 参见左袖阳:《违法所得投资收益的追缴:判断标准与追缴范围》,载《中国法律评论》2022 年第 4 期。

恢复正常秩序，追缴的是行贿人财产的异常增长部分，属于非法利润。当行贿人为生产经营支付必要成本后，获得的利润本身就应扣除成本。

第二，财产性不正当利益产生的孳息是否需要追缴。根据 2017 年最高人民法院、最高人民检察院发布的《关于适用犯罪嫌疑人、被告人逃匿、死亡案件违法所得没收程序若干问题的规定》第 6 条规定，犯罪直接或间接产生的任何财产都应当被认定为“违法所得”。该规定虽然不能直接适用于行贿犯罪案件，但实际已经承认了不正当利益孳息天然具有的违法性。同时，没收不正当利益孳息也更符合社会一般价值观，有利于树立公平正义的价值导向。若一旦放弃追缴不正当利益孳息，很可能使公众产生能够通过犯罪获得资金实现资本积累的错觉，不利于行贿犯罪治理目的的实现。

第三，不正当利益的具体金额计算问题。间接利益往往与行贿人的生产经营关系相互挂钩，合法与违法交叉，数额的确定需要建立在审计基础上。因此，在必要时，应注重引入司法鉴定、听取专家意见等专业支持，完善不正当利益的认定计算方法。但是，在部分案件办理过程中，确实会存在在办案期限内无法查清间接利益的情形，需要花费大量人力成本、时间成本以及金钱成本，检察机关在提出量刑建议时，可适当提高罚金刑。此种情形下罚金刑的替代适用始终是无奈之举，并不利于提高案件办理质效。

三、不正当利益追缴机制建设的具体路径展开

正确惩治行贿犯罪，追缴不正当利益，需要在宽严相济的刑事政策指引下有序推进，在制度构建与具体落实过程中严守法律规定，平衡好“宽”与“严”的关系，实现案件办理“三个效果”的统一。

（一）追缴机制建设的应然目标

1. 彻底剥夺行贿者的不法获利。从法经济学角度考虑，如果犯罪获得的利益小于刑罚带来的不利程度，那么将减少行为人实施犯罪行为的可能性。因此，应让行贿人丧失从行贿行为中获得的一切既得利益，完全剥夺违法所得及其孳息，将其财产因国家工作人员职务行为获得的异常增长恢复至应有状况，避免因剥夺不彻底而让行贿人持有侥幸心理。

2. 保护行贿者合法权益。在追缴不正当利益时，必须以必要性为前提，以相当性为补充，防止追缴金额数额与其法益侵害程度不成正比，避免侵犯合法财产权益。同时，在追缴程序上应严格遵守程序法规定，充分保障行贿人及其家属的程序性权利，做好不正当利益后续处置工作。

3. 落实刑事检察诉源治理工作。追缴机制构建的最终目的不在于对某一行贿人进行处罚，而在于减少犯罪可得利益刺激从而治理贿赂犯罪。该机制目标应从打击犯罪转向犯罪治理、犯罪预防。因此，在案件办理过程中，应以诉源治理为出发点，尽可能做到“办理一件、治理一片”，既要面向过去，做好追缴工作；更要面向未来，做好犯罪的预防

工作。

（二）追缴机制建设的具体要求

1. 建立多方协作机制，提高案件办理质效。监察机关在办案过程中除收集行贿犯罪行为相关证据外，对不正当利益的性质、内容、去向等证据也应作重点调查。检察机关需加大提前介入力度，引导调查，完善证据链条，及时就不正当利益的证据收集、认定、计算等内容向监察机关提出意见、建议。监察机关与检察机关也应对常见行贿犯罪及时进行调研，总结常见行贿犯罪特点及不正当利益来源、去向等问题，深挖行贿多发的行业、领域存在的管理问题，提出有针对性的监察建议、检察建议或者专项报告，提升行贿治理综合效能。

2. 加强行政处置力度。一方面，针对非财产性利益，监察机关需联合有关部门及时进行处理，检察机关应充分发挥检察监督作用，督促追缴机制落实到位。另一方面，在检察机关、法院办案过程中，针对轻微刑事案件做不起诉或无罪处理后，要及时移交监委或有关行政机关进行处理，启动行政处置程序，追缴有关不正当利益。

3. 做好行贿人及其家属权利保障工作。注意及时安抚行贿人情绪，提高行贿人的配合积极性。“重受贿轻行贿”倾向背后的一大原因即是受贿犯罪的查处需要行贿人的配合，一旦追缴不正当利益，行贿人可能拒绝透露行贿相关事实，从而影响受贿犯罪的办理。因此，检察机关需注意案件办理过程中的矛盾及潜在风险，加强说理释疑工作，安抚好行贿人尤其是其家属情绪，避免因追缴财产导致的信访、舆情炒作等事件。同时，对于积极配合不正当利益追缴工作并自愿认罪认罚的行贿人，在提出量刑建议时应尽可能给予较大从宽幅度。

检察机关实质化审查减刑、假释案件的司法实践与完善路径研究

——基于Z市J地区人民检察院案件办理的实证分析

李晓明　王　刚　夏玉山*

摘要：减刑、假释的检察办案工作存在监督形式化、办案书面审、开庭走过场等问题，导致检察机关的监督作用难以有效发挥。因此，在当前减刑、假释案件实质化审理背景下，检察机关在减刑、假释案件办理过程中应对自身的监督职能进行重新审视，抓住人员、条件、岗位、环节“四个重点”，突出对罪犯认罪悔罪态度、人身危险性、再犯可能性、现实表现及财产性判项履行等评估罪犯是否“确有悔改表现”要素进行实质审查和把关。通过在微观层面做好统一规范办案标准、强化听证适用等配套措施，在宏观层面落实“派驻”与“巡回”结合、构建繁简分流庭审抗辩模式、引导监狱机关全面取证等构建减刑、假释案件办理新格局。

关键词：减刑、假释案件　检察监督　实质化审查　完善路径

一、问题的提出

减刑、假释是我国“宽严相济”刑罚执行制度的重要组成部分，对于维护监狱正常管理秩序，促进提升罪犯改造积极性、鼓励和推进其改过自新，调控原判刑罚、帮助罪犯回归社会有着重要意义。然而，随着“孙小果案”、“郭文思案”、“巴图孟和案”的相继爆出，罪犯违法违规减刑、假释的顽瘴痼疾受到中央和社会民众的普遍关注。为此，《中共中央关于加强新时代检察机关法律监督工作的意见》指出，要“完善对刑罚变更执行的同步监督机制，有效防止和纠正违法减刑、假释、暂予监外执行”。在此背景下，最高人民法院、

---

* 李晓明，江苏省镇江市金山地区人民检察院党组书记、检察长；王刚，南京审计大学法学院法学系主任、教授；夏玉山，江苏省镇江市金山地区人民检察院第一检察部主任。

最高人民检察院、公安部、司法部联合印发了《关于加强减刑、假释案件实质化审理的意见》(以下简称《意见》),旨在通过实质化审理,补齐制度短板,严格规范司法权运行,提高司法权威和公信力。基于此,本文以《意见》为依据,通过对检察机关实质化审查减刑、假释案件的实践进行实证分析,审视当前办理减刑、假释案件中存在的问题与不足,进而提出实质化审查的完善路径和方法,以期促进减刑、假释案件办理的规范化和公正性。

二、减刑、假释案件实质化审理背景下检察监督职能再审视

在减刑、假释案件办理中,刑罚执行机关、人民法院和人民检察院分别承担着提请、裁定和监督职能。对于实践中的违法减刑、假释案件而言,检察监督职能弱化是其发生原因之一。检察机关有效发挥监督职能,是减少违法减刑、假释案件的重要保障。

(一)当前减刑、假释案件办理现状及问题

1. 检察监督存在"五缺"现象。《人民检察院办理减刑假释案件规定》及司法部《监狱提请减刑、假释工作程序规定》对检察机关何时介入监督、如何监督提出了较为明确的程序规定和大致的实体要求,《J省监狱提请减刑假释工作程序实施细则》则进一步作了细化。根据上述规定,监狱向人民检察院征求意见后,将人民检察院意见连同其他材料报请监狱长办公会审议决定。J省监狱管理局同时要求,部分重点罪犯的减刑、假释案件还需报该局提级审核。

如此一来,经检察机关审查同意的案件有可能被监狱长办公会或省监狱管理局提级审核后否定,即人民检察院的监督权实际上是低于行政机关决定权的。同时,不同于报请法院裁定时监狱必须逐案制作《提请减刑(假释)建议书》,监狱向检察机关征求意见时并无逐案的法律文书,也没有完整的案件交接手续,基本是电话或口头告知。简言之,当前减刑、假释案件检察监督存在"五缺"现象,即对监狱提请缺乏有力监督、提请审查时缺乏规范程序、对减假材料缺乏有效审查、对出席庭审缺乏精准定位、对案件复查缺乏纸质内卷。[①] 以笔者所在的J省Z市检察机关为例,2021年该市检察机关在政法队伍教育整顿中共核查减刑、假释案件7000余件,上述问题均不同程度存在。

2. 案件办理标准不统一。《最高人民法院关于办理减刑、假释案件具体应用法律的规定》(以下简称《规定》)、《意见》等对于减刑、假释的起始期、间隔期、减刑幅度等有明确规定,法院、检察院、监狱也有相应的案件办理程序予以支撑。但相较于减刑、假释这一刑罚变更执行制度来说,部分规定仍显笼统与随意。如《规定》第7条、第9条、第11条、第12条使用了"从严掌握"、"适当从严"等字眼,但对如何"掌握"、怎样"适当"却语焉不详。加之不同机关各自承担的职责不同,在当前从严适用减刑、假释奖励政策的背

---

① 参见江苏省人民检察院课题组:《减刑假释案件实质化审查办案模式研究——以江苏省减刑假释监督办案现状与实质化审查试点为蓝本》,载《检察研究》2021年第3辑,法律出版社2021年版。

景下,法院、检察院、监狱对如何适用“从严把握情节”既有认识不统一又有重复评价的问题,对同一从严情节,是不予减刑还是扣减幅度的认识也不同。

2022 年,Z 市 J 院纠正监狱减刑、假释提请不当率 30.05%。同期,Z 市中级人民法院裁定不予减刑、变更幅度案件数为法院全年裁定减刑、假释案件数的 6.93%,历经监狱提请、检察审查两道关口的严格“筛选”后,法院裁定变更数依然较高。其中,法院裁定不予减刑(假释)的案件,基本集中于原犯罪情节恶劣(如性侵幼女)、有多次犯罪前科、在报请减刑期间违规、减刑频次多且考核期内有违规。但该部分案件,大多在前几次的监狱提请和检察审查阶段被提出过不予办理意见,部分案件在当批次的检察审查阶段也被提出过扣减幅度意见,只是因为认识不同或对宽严相济刑事政策把握不一致,法院最终裁定不予减刑(假释)。

3. 案件庭审对抗不够。《最高人民法院关于减刑、假释案件审理程序的规定》第 6 条,明确了人民法院审理减刑、假释案件,应以书面审理为原则以开庭审理为例外。相较于书面审理封闭性、纸面化的特点,开庭审理的最大优势在于“法官居中裁判,辞听两造”,①更易于查明拟减刑、假释罪犯服刑期间的现实表现及主观改造情况等,从而判断其是否“确有悔改表现”。但实际情况是,减刑、假释案件开庭审理的程序意义大于实质内容,造成庭审对抗不够,未充分发挥庭审的举证、质证功能,形成了一种流水式的诉讼程序。因为从权利配置看,“检察机关与监狱不是对抗中的两个主体,检察机关实施的是监督职能,以监督减刑、假释过程中存在违规违法为对象”,②而监狱虽然是提请机关,但由于其国家刑罚执行机关的职能定位,并不能完全代表罪犯利益,这一点与公诉案件中公诉人与辩护律师的身份角色截然不同,导致对抗性天然不足。结果就是,“法官实际上已经沦为行政审批官员,所谓的减刑、假释审理程序,实质上变成了行政审批程序。”③

检察机关在减刑、假释案件办理中到底是监督者还是相当于诉讼参与方?自身职能定位的不清,使当前减刑、假释案件办理中存在的诸多问题只是表征,其实质是检察监督职能的虚化和弱化。对此,亟须厘清检察机关在减刑、假释案件办理中的角色。

(二)减刑、假释案件实质化审理中检察监督的角色定位

监狱和人民法院在减刑、假释案件办理中的职能作用相对明确具体,尤其是此次《意见》对人民法院实质化审理减刑、假释案件的实体、程序提出了更细致具体的要求。那么,厘清检察机关在减刑、假释案件实质化审理中的职能作用、角色定位,即检察机关监督什么、如何监督,就显得至关重要。

对于检察机关来说,“坚决整治违规违法减刑、假释、暂予监外执行,既防治‘提钱出

---

① 牟治伟:《论法官的中立品性》,载《人民法院报》2019 年 1 月 4 日,第 6 版。

② 李征:《我国减刑程序的缺陷及其完善——以听证制度的构建为切入点》,载《安徽警官职业学院学报》2020 年第 6 期。

③ 张亚平:《法国减刑、假释程序司法化之演进及其启示》,载《法商研究》2014 年第 5 期。

狱'、'纸面服刑',又防止'一刀切'应减不减、该放不放"应为题中之义。[①] 因此,检察机关应监督监狱、法院有无依法、严格审查,在减刑、假释案件办理中有无失职、渎职,结合对司法工作人员十四个罪名的侦查,注意发现诸如徇私舞弊减刑、假释等职务犯罪案件线索,确保既不出现"提钱出狱"、"纸面服刑",又不出现应减不减、应放不放等现象。即对监狱、法院工作人员办理减刑、假释案件中的职务行为依法予以监督。

当然,对上述人员职务行为的监督,应建立在案件这个载体上,不能脱离对案件本身的审查监督。要树立"在办案中监督、在监督中办案"的检察理念,[②]全面培养大刑事检察思维,视野不应局限于刑事执行检察领域。其原因主要在于,减刑发生在刑事执行阶段,属于刑罚变更执行案件,与侦查案件、审查起诉案件等案件性质相同,同属于刑事诉讼案件范畴,检察人员在办理减刑案件时,同样应遵守程序法定、证据裁判等刑事诉讼的基本原则。在依据减刑、假释制度规范审查案件的同时,也应该遵守刑事诉讼一般性、共同性的制度规范,真正从"办事模式"转变为"办案模式"。如同刑事检察条线检察官"不只是端菜者,更应是炒菜者"[③]一样,刑事执行检察条线检察官也不能就案办案,更不能机械办案,而应真正地从形式审查进入实质审查。要做到不仅审查减刑、假释材料是什么样,更要审查为什么是这样。要从减刑、假释案件材料的来源,如计分考核材料真实性,甚至得分、监区调动、劳动岗位调整的合理、合法角度等进行溯源性审查。通过纠正不当提请、建议不予裁定或改变幅度、纠正错误裁定等方式,加大对减刑、假释案件提请及裁定的审查力度。

三、检察机关实质化审查减刑、假释案件的实践

(一)减刑、假释案件实质化审查的要素分析

Z市J院在该市辖区的四所监狱均设置了由员额检察官担任负责人的派驻检察室,承担减刑、假释案件的同步审查职能。经同步审查后,监狱呈报该院征求意见罪犯的行政奖励、考核期等形式要件均已符合规定。该院其他员额检察官,以监狱移送的证据材料为基础,结合上述形式要件和罪犯在监内的主客观表现,再次逐人逐案进行全面的集中审查。从审查结果看,检察机关提出不予办理或变更幅度建议的情节主要集中在以下几个方面:

1. 罪犯在考核周期内有多次违规或一次以上严重违规。该种情节是最主要的被建议不予办理和变更幅度情节,几乎占了提出纠正意见数的一半。服刑期间的改造表现、遵规守纪情况,可以直接反映出罪犯是否真诚认罪悔罪,是判断罪犯是否"确有悔改表

---

① 参见张军:《坚持以习近平法治思想为指引　加强新时代检察机关法律监督》,载《求是》2022年第4期。
② 参见谢鹏程:《坚持"在办案中监督、在监督中办案"的检察理念》,载《检察日报》2021年1月22日,第3版。
③ 王勇:《检察官,端菜者还是炒菜者?》,载《检察日报》2020年3月24日,第1版。

现”的重要衡量标准。因此,在实质化审查罪犯减刑、假释案件时,该院一直将此作为重点要素予以考察。

2. 罪犯系累犯或有多次前科劣迹。因该种情节被建议扣减减刑幅度占全部被建议扣减幅度人数的将近四分之一。在实质化审查减刑、假释时,必须始终将罪犯的人身危险性、再犯可能性作为重点进行关注,而罪犯是否为累犯、是否有多次前科劣迹则是衡量评价罪犯是否有人身危险性、再犯可能性的重要方面。但由于该情节也是重要的量刑情节,因此办理实践中一般仅作为扣减幅度情节考虑。

3. 罪犯犯罪性质恶劣、社会危害性大。罪犯的身份情况、具体犯罪情况是影响罪犯减刑、假释的重要要素之一。尽管犯罪性质恶劣、社会危害性大等要素在法院量刑时基本已经予以考虑,但罪犯被减刑、假释,其性质在一定程度上相当于出罪,所以一定要慎之又慎。故而需根据起诉书、判决书的记载对罪犯的原案情况进行认真审查,对重大敏感或在当地有重大影响的案件,罪犯的减刑、假释一律予以从严。

4. 罪犯财产性判项未履行或部分履行,且监内大账余额较多、监内消费水平高于上一年度全监罪犯的年平均消费水平。履行财产性判项是罪犯的法定义务,是刑罚的一部分,是判断罪犯是否具有悔改表现的重要依据。“罪犯主动执行财产刑和履行附带民事赔偿责任表明其接受惩罚,在一定程度上也表明其有悔罪的心态,故将之视为有认罪悔罪的表现。”①特别是“三类罪犯”②往往犯罪后果严重,社会危害性大,更应通过主动退赃、积极协助追缴赃款赃物、主动赔偿损失等方式,积极消除犯罪行为所产生的社会影响,如此才能获得减刑、假释资格。

5. 罪犯私藏违规、违禁品。罪犯私藏、使用违规、违禁品,不仅严重危害监管安全,背后甚至可能隐藏一定的职务犯罪线索,必须坚决予以打击。该院在审查的 2022 年减刑、假释案件中,不仅发现个别罪犯服刑未到 3 年便被呈报,同时还发现罪犯私藏香烟、药品等违规品及不应由罪犯私自掌握的燕尾夹、平头螺栓等学习、生产资料等物品。对此,该院相应提出不予办理和扣减幅度建议。

6. 罪犯不认罪悔罪或犯罪主观原因认识不到位、悔罪程度不彻底。检察机关在审查减刑、假释案件时,应坚持主客观并重原则,对体现罪犯认罪悔罪程度的评审鉴定表、改造小结及认罪悔罪书等材料进行详细认真的审查。尽管当前罪犯的评审鉴定表、改造小结等存在内容格式化、形式程式化等问题,需要检察机关监督监狱进一步要求罪犯予以改进,尽量体现个性化和差异化,但即使如此,只要认真审查罪犯撰写材料,仍能发现个

① 陈磊:《关于财产性判项履行情况与减刑、假释关联机制的思考》,载《人民司法》2022 年第 4 期。

② 《中共中央政法委员会关于严格规范减刑、假释、暂予监外执行切实防止司法腐败的意见》(中政委〔2014〕5 号)第 1 条第 1 款规定,对职务犯罪、破坏金融管理秩序和金融诈骗犯罪、组织(领导、参加、包庇、纵容)黑社会性质组织犯罪等罪犯(以下简称三类罪犯)减刑、假释,必须从严把握法律规定的“确有悔改表现”、“立功表现”、“重大立功表现”的标准。

别罪犯的真实想法。如该院在对提请减刑6个月的罪犯汪某荣(犯强奸罪判处有期徒刑7年)进行审查时发现,该犯在评审鉴定表中以戏谑的语言将自己描述为受害者,对自己的犯罪事实毫无悔改之意,遂建议监狱不予提请。

7.其他实质化审查要素。除上述几类严重影响罪犯减刑、假释需认真实质审查的情节外,其他诸如6个月内非身体原因劳动得分不高、劳动表现一般及减假比偏高和顶格减刑、假释考验期长等情形,也应引起检察机关的高度关注,并调取相应材料、案件卷宗等予以全面细致的审查。

(二)减刑、假释案件实质化审查的方法探索

Z市J院在减刑、假释案件办理中,借鉴公诉案件办理模式,突出从"办事"模式向"办案"模式转变。除根据《人民检察院办理减刑、假释案件规定》第7条列举的方式对相关情况进行调查核实外,还对罪犯行政奖惩、岗位调动等开展溯源性调查,通过与罪犯谈话、向同监罪犯、管教干部了解等方式,全面掌握罪犯是否"确有悔改表现"。

具体来说,就是紧紧抓住"四个重点",即减刑、假释案件的"重点人员""重点条件""重点岗位""重点环节"。"重点人员"以减刑、假释案件需要开庭审理的罪犯为主,含"三类罪犯"、原案有重大社会影响罪犯、假释罪犯及其他需关注罪犯等。"重点条件"即对与评价罪犯"是否确有悔改表现"高度关联的财产性判项履行情况、服刑期间现实表现情况、体现是否认罪悔罪的材料书写情况等进行书面审查、溯源审查,必要时进行实地走访核实。"重点岗位"是指在监狱内从事辅助生产、勤杂事务等特殊劳动岗位罪犯。从事特殊劳动岗位罪犯在计分考核时,属于无定额考核,因不直接生产,所以只能按照一定的劳动系数、岗位系数与基础分相乘进行考核,故需对计分考核来源合理性进行认真审查,确保其他罪犯能公平公正地获得减刑、假释机会。"重点环节"则是紧紧抓住监狱向检察机关征求意见和检察人员出席减刑、假释庭审等容易发现问题和体现检察贡献度的环节。

实践的探索固然有其现实意义,对检察机关做好当前的减刑、假释案件实质化审查工作提供了难得的窥探窗口与良好的借鉴机会,但就刑罚变更执行制度本身来说,保障检察机关履职的体制机制建设需要不断完善与渐进。

四、检察机关实质化审查减刑、假释案件完善路径

《意见》明确提出"人民法院、刑罚执行机关要依法接受检察机关的法律监督,认真听取检察机关的意见、建议,支持检察机关巡回检察等工作,充分保障检察机关履行检察职责"。检察机关要以鲜明的政治自觉、法治自觉和检察自觉坚决扛起法律监督责任,全面提升法律监督质效,从宏观和微观两个层面进一步探索完善减刑、假释案件检察监督实质化审查的路径。

（一）宏观层面

从宏观角度说，检察机关实质化审查减刑、假释案件的最终路径，在于充分利用好现有的“巡回 + 派驻”检察模式，进而坚持以审判为中心，逐步构建检察机关提请减刑、假释案件并切实予以庭审抗辩的案件办理新格局。

1.“派驻”、“巡回”结合，强化减刑、假释案件检察监督实质化审查。采取“驻巡结合”工作模式，发挥“驻”的便利、“巡”的优势。依法、全面、严格、有序审查监狱抄送的各类证据材料，综合考察影响罪犯减刑、假释的各类要素，准确认定罪犯是否符合减刑、假释条件，确保向监狱出具的征求意见和向法院出具的检察意见更加精准。为此，派驻检察人员需做好基础工作，注重在日常工作和办案中发现监狱在刑罚变更执行工作中的薄弱环节，为巡回检察组提供“先手棋”。巡回检察组通过巡回检察不断强化对监狱刑罚执行、狱政管理、教育改造等的全面监督，进而发现刑罚执行和监管改造活动中的深层次问题。

2. 重新架构，繁简分流，建立有别于普通诉讼的减刑、假释案件庭审抗辩模式。根据当前的减刑、假释案件办理程序，减刑、假释案件由监狱提出建议书，按照“谁主张，谁举证”的举证责任原则，举证责任主体是监狱。庭审中，检察人员与监狱或罪犯本人就罪犯的工种安排、监区调整、计分考核、改造小结等与减刑、假释存在直接关联的材料进行质证，进而发表出庭意见。人民法院根据检察机关的出庭意见及双方的质证、答辩情况居中裁判。因此，检察机关应在前期筛选出减刑、假释幅度、频次异常或“三类罪犯”等重点人员，结合事先通过询问服刑人员、管教民警及相关证人得到的现实表现材料，再综合考察其整体表现情况，有针对性地发表检察意见，确保庭审程序公正、实体公平。在提请方答辩时，可探索发挥监狱公职律师的作用，由公职律师帮助罪犯进行答辩，行使辩护权利。

3. 以审判为中心，构建监狱机关收集证据材料、检察机关提请的案件办理新格局。尽管《意见》中对检察机关的监督职责进行了强化，但总体来说，检察机关在减刑、假释工作中的作用、地位较为尴尬。建议全面借鉴普通刑事案件侦查、起诉、审理的办理程序与流程，在“以审判为中心”诉讼制度改革背景下，进一步强化庭审程序，监狱机关在检察机关引导下全面收集罪犯减刑、假释相关材料，由检察机关全面审查后决定是否提请及提请的幅度，即监狱民警只承担收集、调取罪犯是否符合减刑、假释条件的相关证据材料，将更多精力致力于罪犯的监管和教育改造职责。“检察机关行使减刑、假释提请权可以恪守客观中立立场，便于保证减刑、假释案件的办案质量；尊重和保障人权，检察机关能以更加广泛视野保障被监管人员合法权益，多方深度参与可以以更加公开透明的措施提升司法公信力。”[①]当对罪犯的直接监管和对其减刑、假释的提请分离后，将有力遏制因两

---

① 《这场论坛，实务经验与理论思辨相交织，干货满满！》，https://baijiahao.baidu.com/s?id=1761864122629127295&wfr=spider&for=pc，2023 年 3 月 31 日访问。

者之间的联系而可能发生的职务犯罪风险。如此一来,监狱、检察、法院三者之间才能真正落实分工负责、互相配合、互相制约的刑事诉讼基本原则。

(二)微观层面

在建立、完善检察机关实质化审查减刑、假释案件路径之前,先要在微观层面做好一些渐进性的配套工作,具体包括以下内容:

1. 平衡办案尺度,统一规范办案标准。法院、检察、监狱等各办案机关之间应树立共赢理念,发挥集体智慧,借力外部执法司法机关联席会议和内部检察官联席会议等制度优势,确保在减刑案件程序性规定多、实体性规定少,原则性规定多、具体性规定少的情况下,强化沟通协调和同堂培训,对理解和适用上存在争议的问题达成共识,统一规范办案标准,努力实现同案同判。

2. 强化主观审查,把握确有悔改表现。受困于实践中对罪犯主观方面审查有效方法的缺乏,在减刑、假释案件中对罪犯主观改造的考量不够。可以在对罪犯撰写内容进行认真审查基础上,尝试对《罪犯评审鉴定表》、《认罪悔罪书》等材料中的笔迹是否一致、内容是否连续几年雷同等反映罪犯改造态度是否端正、是否真诚认罪悔罪等要素进行审核,并据此建议监狱对部分罪犯不予提请减刑。

3. 强化听证适用,促进办案公开公正。"以公开促听证、以听证促公信,探索行刑社会化和恢复性司法,深化损害修复机制在刑罚变更环节的运用,促进执法公开性和社会参与度不断提升。"①在听证范围上,可邀请监狱共同评估,对提请减刑、假释可能引起社会较大关注或产生较大争议的案件开展听证。在听证人员上,可将人大代表、政协委员、人民监督员、原办案机关工作人员、律师、社区工作人员等纳入听证员队伍,不断增强罪犯刑罚变更执行工作的透明度、监督力和社会参与度。

五、结语

基于检察机关在当前减刑、假释案件办理工作中存在的现实困境,检察机关当不断检视和明晰自身的监督定位,不断丰富监督内涵。以习近平法治思想为指导,以服务实践办案为导向,以实质化审理这一案件办理方式的重大改变为契机,从"三个自觉"的高度,在实践中不断探索规范化、普适性的实质审查要素和审查方法,从理论层面渐进性构建科学合理的检察机关实质化审查减刑、假释案件办理机制着手,全面推动减刑、假释案件办理工作更加规范高效,确保减刑、假释制度顺利实施,不负党中央和社会民众对刑罚变更执行工作公平公正的嘱托与期待。

---

① 倪方方、陆荣:《江苏监狱全面推行减刑假释听证》,载中共江苏省委新闻网,http://www.zgjssw.gov.cn/yaowen/202110/t20211022_7279498.shtml。

检察技术赋能巡回检察路径探析

徐　超　赵　庆*

摘要:近年来,为进一步提升检察机关对刑罚执行活动的监督质效,最高人民检察院深入推进"派驻+巡回"的检察监督模式,让"巡回检察"这一利器在发现监狱深层次违规违法问题上的作用愈加凸显。检察技术作为检察监督的专门手段为巡回检察工作提供了专业的技术支持,保障了巡回检察工作的有效推进。然而,随着巡回检察的深入开展,检察技术融入巡回检察的深度和方式仍然不够明确,在一定程度上存在"两张皮"现象,亟待研究解决,以真正发挥检察技术的协力作用,提升巡回检察生产力。

关键词:巡回检察　检察技术　赋能　路径

《巡回检察组》电视剧的热播,让"巡回检察"火出了圈,体现了广大人民群众对执法司法公平正义的普遍关注和殷切期盼,也对检察机关进一步做好监狱巡回检察,维护刑罚执行公平正义提出了更高要求。① 为进一步规范和提升巡回检察工作质效,最高人民检察院(以下简称最高检)于 2021 年 11 月 4 日通过了《人民检察院巡回检察工作规定》,该规定第 23 条指出:"人民检察院根据巡回检察工作需要,可以按照有关规定邀请司法行政、财会审计、消防安监、卫生防疫、法医鉴定等部门中具有专门知识的人参加巡回检察。"从而明确了巡回检察队伍的组成人员可以包含检察技术人员。

在巡回检察的实践中,无论是最高检组织的跨省交叉巡回检察,还是各省、市自行组织开展的异地交叉巡回检察,在组建巡回队伍时,均配备了一定数量法医、电子取证、司法会计等专业检察技术人员。检察技术也在巡回检察的狱政管理检察、教育改造检察,特别是刑罚执行变更检察中发挥了独特的作用。随着巡回检察工作的深入开展,检察技

---

* 徐超,江苏省泗洪县人民检察院党组成员、副检察长;赵庆,江苏省宿迁市人民检察院法律政策研究室副主任。

① 刘福谦:《坚持"三个自觉"是做好新时代巡回检察工作的关键》,载最高人民检察院网,https://www.spp.gov.cn/spp/llyj/202108/t20210824_527444.shtml,2023 年 2 月 28 日访问。

术人员如何参与巡回检察，主要负责哪些工作，如何实现检察技术与巡回检察的无缝融合等问题日益凸显，亟待研究和改进。笔者认为，只有进一步明确检察技术参与巡回检察的方式、内容，进一步增强检察办案和检察技术的“双向融合”意识，不断完善现有的机制做法，才能进一步强化检察技术对巡回检察的专业支持。

一、巡回检察中检察技术工作存在的问题

（一）办案检察官对检察技术工作认识不足

受传统观念影响，巡回检察组的办案检察官对检察技术工作的重要性认识普遍不足。在不少检察官的意识里，检察技术部门是信息化技术保障部门，在办案中只是起配合辅助作用而已，缺乏主动利用检察技术开展工作的意识。此外，一些检察官自身也缺乏对检察技术知识的学习，并不了解如何利用新时代的科技手段开展巡回检察工作。例如，对手机数据恢复、监控视频审查、司法会计运用等方面缺乏了解，因此也就缺乏运用技术辅助办案的想象力。

（二）检察技术人员缺乏对巡回检察工作的关注

检察技术工作的目的就是辅助检察官解决具体的技术问题。因此，检察技术工作必须密切结合具体的巡回检察活动来开展。然而，在巡回检察的实践中，检察技术人员仅仅是在检察官提出需求的情况下才会介入巡回检察活动中来，且检察技术人员只注重具体的刑事技术工作，对巡回检察的整体工作缺乏有效的关注，更不会主动参与到巡回检察发现线索后的深挖和突破之中，很少从技术的角度分析案情，这也使检察技术人员错过了提高业务能力的机会。

（三）协作意识不强，“两张皮”现象突出

巡回检察的检察官与检察技术人员缺乏有效的沟通。在一些检察官的意识里，检察技术只是办案的辅助手段，他们在意的往往是检察技术人员的取证和分析结果，而对技术人员在工作中发现的一些具体的细节问题普遍缺乏关注。检察技术人员往往也是就工作而工作，没有主动宣传技术办案手段，更没有把具体的案件情节分析融入检察技术工作中。二者之间的沟通配合不足，导致了他们所掌握的信息资源不能得到有效的利用，检察技术也不能发挥最大作用。

（四）技术力量不足，参与巡回检察经验少

“两反”转隶和各项司法改革叠加推进，使传统的电子取证、司法会计、心理测谎、法医、文检等专业技术办案人才部分转岗到业务部门从事非检察技术工作，或离开检察机关，造成了检察技术办案队伍的不稳和人才不足问题。检察技术部门的骨干人才，大多从事日常的信息化维护、电视电话会议保障、统一业务系统保障等工作。缺乏参与业务办案的实践经验，也就无法在巡回检察、公益诉讼等业务案件办理中发挥作用。另外，检察技术“偏科”也相当严重，法医成了“一枝独秀”，而视听技术、电子数据、司法会计等门

类发展不充分。

（五）理论研究不够，缺乏相关机制保障

笔者在思考如何在巡回检察中发挥检察技术工作质效时，也尝试从“中国知网”和互联网搜索同行的理论研究成果，结果未发现任何理论调研文章。这从侧面也说明，理论界缺乏对此课题的研究和讨论。相应地，由于巡回检察制度推进时间不长，尚处于边实践、边探索阶段，尚缺乏关于巡回检察中检察技术工作的制度性规定。

二、检察技术赋能巡回检察的角色定位和任务分析

司法鉴定、技术性证据审查、勘验检查和技术协助是检察技术的四大传统职能。对于新时代的巡回检察工作来说，传统的四大职能需要进行调整和充实。具体而言，笔者认为，检察技术在巡回检察中主要扮演了巡回检察任务的直接承担人、专业技术知识的专家辅助人和“外脑智库”的中介联络人“三种角色”。

（一）巡回检察任务的直接承担人

运用专业知识直接承担巡回检察任务，是检察技术人员参与巡回检察的主要职责。传统的检察技术门类有很多，[①]每一项检察技术都可能与巡回检察产生关联，这里只讨论巡回检察工作中常见的几种检察技术。

1. 法医技术。巡回检察组之所以要求必须有法医参加，最根本的原因是在涉及法医学甚至医学事项时，能获得专业的技术支持。因此，法医的主要任务是解决遇到的相关法医学和医学问题，向检察官提供参考意见建议。其主要有以下三项职责：一是对保外就医案件进行审查。审查是否存在执行标准不严格，甚至利用相关条款“打擦边球”情形。二是对“老病残”罪犯的认定进行审查。审查是否存在不严格按照“老病残罪犯”鉴定标准执行，而被照顾安排从事很轻松的岗位或工种的情形。三是对在押犯就诊情况进行审查。审查是否有体罚和虐待在押犯的线索，然后根据损伤记录进入监管大平台查看事故记载和扣分处理情况，以此来相互碰撞致伤原因。

2. 司法会计技术。司法会计，是对办案过程中遇到的财务会计材料进行检查、鉴定和审查。其主要有以下三项具体工作：一是负责对罪犯接受汇款情况进行审查，即审查是否存在异常汇款现象。比如，是否存在非罪犯亲属向罪犯汇款；是否存在同一个人向无关联的不同罪犯进行汇款；是否存在多名罪犯亲属向同一名罪犯进行汇款；是否存在匿名汇款情形等。二是审查罪犯狱内消费是否规范。包括是否存在不正常的大额消费；是否存在借用他人账户消费；是否存在混吃混喝、以物换物等违规情形。比如，有的罪犯因为打架斗殴致他犯受伤而构成犯罪，却在管教民警的调解下，利用狱内账户进行赔偿，

① 比如，法医病理、法医临床、法医毒物、法医物证（DNA）、微量物证、文件检验、痕迹检验、声像资料（视听技术）、电子证据、司法会计、心理测谎等。

使狱内再犯罪未被追究。三是审查罪犯的绩效报酬管理是否规范。包括是否存在罪犯绩效报酬使用、报酬领取不符合规范的情形；是否存在罪犯刑满释放未依法支付剩余劳动报酬等情形。比如，监区绩效报酬月底累计余额显著超过绩效报酬发放总额；罪犯领取绩效报酬时是否存在代签或未签的现象；其背后是否存在民警的克扣、贪污现象。

3. 电子取证技术。“电子取证”是一种通俗的说法，没有统一的概念。这里所称的电子取证是司法实践和信息技术的融合，包括但不限于使用信息技术对计算机数据、手机数据等信息数据进行恢复、提取、固定、保全，并能起到查找案件线索、固定案件证据作用的技术方法总和。[①] 笔者认为，巡回检察中的电子取证工作，主要包括二个方面：是及时固定、保全电子数据。即巡回检察中发现的、可能存在问题的相关电脑、U 盘、手机、监控视频等电子数据载体进行扣押、封存，对不方便扣押的动态电子数据进行及时的保全和固定，确保涉案电子数据的原始性和唯一性。二是提取、恢复电子数据。根据检察官的要求，对扣押的电子数据介质进行数据提取和恢复。三是分析研判电子数据。即结合巡回检察工作实际，从海量的电子数据中获取有用、有价值的信息，并对获得的电子数据进行关联分析和展示。必要时，电子取证的技术人员还应主动发挥主观能动性，提出侦查思路、方向的建议。

4. 视频技术。视频技术主要体现在对监控视频的审查上，主要有以下三个方面：一是采用视频抽帧技术，压缩视频时间，提高视频审查效率。将原视频按每秒钟抽取一帧画面的方式进行逐个抽取，再将抽取的画面合成起来。一方面，可以将原视频的时长大大缩短，比如，格式为 24 帧的监控视频可以通过此技术压缩到原时长的 1/24。另一方面，因为每秒钟都有一帧画面，可以保证视频的连贯、真实，不会丢掉重要的信息内容。二是采用智能捕捉技术，捕捉动态画面，实现对视频的精准审查。该技术主要实现对视频变动画面的智能截图。由于监控视频的内容大部分为静止画面，而对视频的审查，只需关注变动的画面即可，也就是说，只需要截取、审查视频画面变动的内容，从而大大节省了视频的审查时间。三是探索对监控视频语音大数据的挖掘。监狱的视频点较多，即使抽取敏感重点监区及监舍，其审查的视频内容容量也很大，巡回检察期间内全部审查根本不可能。因此，可以探索对海量监控视频的数据挖掘和处理。比如，综合运用语音分词技术、[②]多数据源“聚合”技术等，实现对视频内容的挖掘处理，从而大大提高监控视频的审查效率。

5. 大数据筛选比对技术。这里的大数据筛选比对，主要是运用信息化技术实现数据

---

① 参见夏光华、王志坚：《电子取证：让职务犯罪侦查如虎添翼》，载《检察日报》2015 年 5 月 31 日，第 3 版。

② 该技术目前还在探索阶段。例如，谷歌公司通过使用自己收集的语音数据，把语音搜索集成到核心搜索引擎中。又如，北京理工大学张华平博士建立的自然语言处理与信息检索共享平台 NLPIR（Natural Language Processing & Information Retrieval Sharing Platform），可以实现对视频语音数据的关键词提取、语意信息抽取等。

的筛选比对。[①] 通过对数据的筛选比对，快速筛查出重点案件，从而判断重点案件背后是否存在违法违规的线索。比如，针对“在监狱服刑的罪犯，受到一次性扣分 50 分以上处罚的，自收到处罚之日起 6 个月内不得报请减刑、假释”以及“罪犯私藏违禁物品，3 年内不得提请减刑、假释”的规定，如果采用人工比对的方法，耗时耗力，而且很难做到无遗漏。对此，可以采用 EXCEL 的 VBA 函数进行筛选比对，发现是否存在违规减刑、假释的情况。再如，针对呈报减刑、假释是否按照计分考核顺序呈报的问题，可以将所有罪犯的计分考核情况进行数据处理，然后对处理后的数据进行排序，进而将排序情况与监区呈报罪犯减刑、假释的排序情况进行比对，从中发现违规呈报减刑、假释的线索。

（二）专业技术知识的专家辅助人

检察技术人员作为“有专门知识的人”，在巡回检察中，提供专业性的意见，是巡回检察的专家辅助人。其主要履行以下几项职责：一是专业咨询团队。[②] 巡回检察中的法医、电子数据、司法会计等专业技术人员就是整个巡回检察组的专业咨询团队。通过检察技术人员的审查和分析，为检察官解决巡回检察过程中限于专业知识、专业技能所不能理解、不能分辨、不明白原因的问题。让检察官真正看得懂、弄得明白、消除疑惑、排除合理怀疑。二是专家辅助人利用专业知识判断辨析证据。巡回检察组的专家辅助人运用专业知识、专业技能或专业手段对鉴定意见、电子数据、视听资料等技术性证据涉及的某些专门性问题进行审查，告知检察组该证据是否存在错误、瑕疵或者隐患。

（三）“外脑智库”的中介联络人

对于巡回检察工作而言，完全依赖检察机关自身的检察技术力量是远远不够的。巡回检察除了需要法医、电子取证、司法会计等传统的检察技术门类参与其中之外，有时候还需医疗、卫生、质检、消防等“外脑”来应对瞬息万变的巡回检察问题。这时检察人员就要切实担负起穿针引线、内引外联的“连接器”任务，帮助检察官快速找到、筛选出最合适的技术专家，作为沟通的桥梁，并对外聘专家的工作效果进行把关、辨别，发挥好“过滤器”作用。[③]

三、完善检察技术赋能巡回检察的配套机制

（一）组建巡回检察的“战略支援部队”

笔者认为，应该以省为单位整合检察技术办案队伍，实现巡回检察技术办案的一体

---

① 虽然信息化技术不属于传统的检察技术范畴，但此处为了便于讨论，姑且也将信息化技术纳入巡回检察中的检察技术范畴。

② 例如，在 2022 年江苏省内跨市的监狱交叉巡回检察中，省院技术部就专门下发了《关于成立全省检察机关巡回检察法医技术支持小组的通知》，由省院技术部领导带队，成立了 20 名法医组成的法医技术支持小组，有力地支持了全省跨市巡回检察的工作成效，也锻炼了法医队伍的能力水平。

③ 贺德银：《强化专业技术支持　提升新时代检察生产力》，载《人民检察》2021 年第 10 期。

化模式。可以借鉴军队改革的思路,以省为单位打造巡回检察的“战略支援部队”,实现检察技术办案由“有为”向“有位”,由“有位”向“有威”的发展。具体来说,由省级院检察技术部门根据全省检察技术人员的门类、数量组成法医、电子数据、心理测谎、司法会计、视听技术等不同小组,实行统一培养、统一编组、统一管理、统一使用。在平时,由省级院技术部门加强相关业务知识培训。在巡回检察工作时,由省级院技术部门根据刑事执行检察部门的需求,统一抽调各小组成员,成立巡回检察的“战略支援小队”参与各组巡回检察工作。通过这种模式,实现检察技术人员全程、异地参与巡回检察,使其积累经验,并快速成长。

(二)树立巡回检察办案与技术的“双向融合”意识

检察技术人员应树立主动宣传、主动服务、主动融入的意识,主动宣传最新的技术办案手段,让办案部门了解检察技术对巡回检察的作用。主动对接业务需求,对重点和疑难问题的技术审查实行靠前服务,将检察技术工作融入巡回检察全局。巡回检察办案人员应深化主动运用检察技术的意识,主动学习检察技术知识,了解检察技术手段,特别是大数据技术。将“业务数据化”转变为“数据业务化”,从异常数据中发现线索,树立全面、系统、主动监督的意识,改变以往个别、偶发、被动的监督。

(三)完善技术办案协作配合制度

在近年来的巡回检察实践中,全国各地都形成了很多好的经验做法。一方面,要将这些好的经验和做法统一汇编,形成课件库,在此基础上加强对检察技术办案人员的培训,提高技术办案水平。另一方面,要不断总结和提炼,形成巡回检察的技术办案制度和指南,供参与巡回检察技术办案的人参考使用。只有将检察技术嵌入巡回检察的好经验、好做法制度化、规范化,将检察技术基本职能纳入巡回检察的办案流程中,才能真正保障巡回检察办案和检察技术的无缝融合。

(四)加强巡回检察技术理论创新的研究

一方面,要深化研究,创新“检察技术+信息化+巡回检察”的融合机制,实现以信息化运用带动检察技术与巡回检察的深度融合发展。在搭建“两网”的基础上,探索打破与公安、监狱、社区矫正等职能部门数据壁垒的路径,积极推进法律监督工作“联动”模式,探索建设检察大数据中心,积极研究拓展数据落地、接口对接、个案协查等多种方式,实现信息资源实时共享交换。另一方面,也要发动检察技术专家、检察业务研究人才加强对巡回检察具体技术应用、检察技术支援巡回检察工作模式等相关技术和理论的研究,为检察技术部门更好地支援巡回检察工作提供参考。

检察公益诉讼的实践困境与解决路径探究

李　跃　曹燕飞*

摘要:检察公益诉讼制度自党的十八届四中全会提出以来,经历实务探索不断为立法条文吸收的过程。当前赋权检察机关提起公益诉讼的法律条文虽然不断增加,但仍具有原则性、抽象性,检察机关自行办案规范性问题、调查核实权保障、与诉讼主体相适应的诉讼程序设计等均未形成体系,甚至有所缺乏。亟须加快公益诉讼专门立法,完善检察机关办理公益诉讼案件的体制机制,强化协同治理,以将党的二十大关于"完善公益诉讼制度"的部署落到实处。

关键词:检察公益诉讼　司法实践　分析样本

检察公益诉讼制度在促进行政机关依法履职、维护国家利益和社会公共利益方面发挥了重要作用,为推动全面依法治国作出了积极贡献。以苏州市为例,2019 年至 2022 年,全市行政公益诉讼立案 2339 件,年均增长率 76.67%;全市民事公益诉讼立案 525 件,年均增长率 66.56%。公益诉讼案件领域涉及生态环境和资源保护、食品药品安全、安全生产、国有财产保护、国有土地使用权出让,个人信息保护和英烈保护等多个方面。但公益诉讼制度在实践过程中,也面临着诸多难题,亟待解决。

一、公益诉讼办案实践困境

(一)公益保护领域检察介入性不足

从办案结构看,行政公益诉讼与民事公益诉讼的介入性不平衡。如国有财产保护、国有土地使用权出让领域,民事公益诉讼职能尚未有体现。究其原因,该领域检察公益诉讼获得了行政诉讼法的授权,但未获得民事诉讼法的授权。作为检察公益诉讼履职的

* 李跃,江苏省苏州市人民检察院第七检察部主任;曹燕飞,江苏省苏州市人民检察院第七检察部副主任。

主要方式,行政公益诉讼和民事公益诉讼不应存在领域上的明显差别化。为全面有效保护国家利益和社会公共利益,在法律授权上不宜"厚此薄彼"。从法律规制和相关政策来看,目前公益诉讼的法定范围已从4拓展到4+N,但仍未实现全领域覆盖。一些涉及群众切身利益的公益尚存在检察保护盲区,如消费欺诈领域,公益保护的主体是省级消保委,其保护公益的体量和力量均不足,而检察机关虽然有能动履职的意识、调查取证的专业力量,但未获得法律授权,只能通过支持起诉方式开展公益诉讼。

(二)行政公益诉讼诉前程序不规范

诉前程序是调查核实、明确行政机关职责、厘清法律适用的重要阶段。实践中,可以说99%的行政公益诉讼有效整改在诉前。《人民检察院公益诉讼办案规则》第70条第1款规定,人民检察院决定立案的,应当在7日内将《立案决定书》送达行政机关,并可以就其是否存在违法行使职权或者不作为、国家利益或者社会公共利益受到侵害的后果、整改方案等事项进行磋商。实践中,有的检察机关的立案时间与检察建议制发时间间隔较短,极大限缩了磋商协调、调查核实的时间,致使检察机关和行政机关合力效能不能有效发挥,检察建议接受度不高。

(三)检察建议质量有待提高

大部分诉前程序的行政公益诉讼案件,行政机关都在收到检察建议后主动整改,诉前已实现维护公益目的。但在案件检视中发现,部分检察建议存在事实调查不彻底、说理不透彻、指出问题浮于表面、建议内容可诉性不强等问题,导致某些案件可能丧失起诉条件。此外,检察建议也存在制发必要性是否充足的问题,有的案件仅需要沟通即能解决无须立案,如缺斤短两、夜宵摊占道经营、公园亭子玻璃顶棚破损、占用公路晾晒稻谷、某小区垃圾转运点异味扰民等。有的案件针对同一问题分乡镇街道多次立案制发检察建议,行政机关对检察机关频繁制发检察建议表示不理解,甚至存在抵触情绪,如建筑垃圾随意堆放、生活垃圾清理、一枝黄花繁殖蔓延等。有的案件通过磋商能够解决问题,无须制发检察建议,如超市便利店现场制售和散装食品经营管理不规范。

(四)民事公益诉讼调查取证能力和手段保障不足

办案领域上,刑事附带民事公益诉以环食药案件为主,高度依赖刑事案件办理。以笔者所在地区为例,刑事附带民事公益诉讼与单独提起民事公益诉讼在办案数量上比重为13:1。一方面,民事公益诉讼在法律适用、证明标准等方面与刑事诉讼虽不完全一致,但有大量交叉重合,如被告范围、销售金额、因果关系认定等方面,检察机关可以将大部分刑事案件的证据直接用于证明民事侵权行为,减轻调查工作。另一方面,公益诉讼调查手段有限,证据固定难,调查取证权保障不充分,取不到证据或者证据形式不被法院认可,也导致民事公益诉讼更依赖于刑事侦查。基于此,民事公益诉讼办理容易受到刑事办案思维的影响,人员调查能力得不到有效提升。

(五)现有诉讼程序规则无法满足公益诉讼实际需求

在部分案件办理过程中,已出现私益诉讼的举证责任分配、证明标准、权利义务分配、诉讼程序设置等规则与公益诉讼不相适应的情况。例如,检察机关提起的某公司销售产品侵害消费者权益案,该案中涉案产品虽然无毒无害,但使用未经国家安全性审查的食品原料存在安全风险,且生产者虚假宣传产品治病功能。法院审理后认为,本案没有出现消费者人身受损的事实或相关行政处罚,检察机关对食用安全性的举证不足。该判决以私益诉讼的欺诈理论,要求检察机关对消费者基于涉案虚假陷入意思表示错误承担举证责任,忽略了公益诉讼的预防性价值。又如,各地对个人信息保护领域公益诉讼各地推进不一,有的法院受理检察机关起诉,有的法院则设立受理门槛甚至不予受理。

(六)社会组织提起民事公益诉讼较少

在民事公益诉讼中,检察机关的诉权具有兜底性、补位性,处于最后一个顺位,检察机关诉前公告是必经程序。以笔者所在地区案件数为例,检察公益诉讼制度全面推开前,社会组织通过检察公告程序,明确要求提起诉讼的为 24 件,在此类案件中检察机关支持起诉参与其中;检察公益诉讼制度全面推开后,无社会组织在获知检察公告后要求起诉,检察机关也无支持起诉案件。有个别案件因检察机关受限无法起诉的,社会组织也因调查、应诉能力不足,不愿接受案件移送。

(七)检察公益诉讼协作支撑缺乏系统性

法、检分别发布的审理规则与办案规则、行政机关的行政规则缺乏有效衔接、整体考虑不足、系统性不够,存在制度冲突的情形。例如,生态环境损害赔偿制度改革与检察公益诉讼制度衔接工作中,就存在生态环境行政执法、公安机关打击、检察机关刑事检察与公益诉讼、法院审判等长链条协作,部门之间衔接不畅,就会削弱配合,不能有效保护公益。又如,由于个人信息保护刑事办案认识不一致,个人信息保护刑事案件尚不能提起附带民事公益诉讼。再如,环境资源、食药安全领域损害赔偿金,已归集至专用账户,专款如何发放或使用缺乏相应的制度机制,群众无获得感。

二、实践困境的原因

公益诉讼办案实践的困境既有检察机关办案规范程度、办案能力方面的问题,也有对现在制度理解偏差以及制度供给不足带来的问题。

(一)未充分认识公益诉讼与私益诉讼的本质差异

从法律授权上看,检察公益诉讼仍然被视为扩展原告资格的传统诉讼。例如,环境民事公益诉讼设置的公告前置程序明确要求在无社会组织起诉时,检察机关才被允许提起诉讼,这种“补位”诉讼,实际上就是扩展原告资格的诉讼思维。事实上,检察机关相较社会组织不仅有调查取证的专业优势,而且作为法律监督机关,更有义务承担维护公益的职责。“补位”诉讼的设计,导致法律授权的机构和社会组织反而不再主动行使诉权,更加依赖于检察机关主动履职补位诉讼。近年来,检察机关发出诉前公告后,没有社会组织主动要求行使优先诉权,导致公告程序虚置,增加制度运行成本。其根源在于没有意识到公益诉讼与私益诉讼在目的、对象、内容、性质上有本质差异,公益诉讼不应依传统诉讼规则进行制度设计,应当以专门立法进行系统性规定。

(二)程序法对公益诉讼的支撑不足

行政公益诉讼和民事公益诉讼的制度设计最初均由诉讼法规定。随着公益诉讼制度的发展,通过制定或修订单行法,嵌入检察公益诉讼制度条款的方式,赋权检察机关开展公益诉讼。但无论是诉讼法还是单行法对公益诉讼的规定都过于粗疏,即使最高人民法院、最高人民检察院司法解释对此作了补充,也只规定了原告资格、受案情形、诉讼管辖、调解适用等架构,对于起诉条件、诉讼请求、证据形式、举证责任、法律责任、诉讼处分、胜诉利益支配、判决执行等制度机制均未能从公益诉讼的目的和性质上加以详细设计。

(三)调查取证权缺乏有力的制度保障

调查核实是检察公益诉讼的核心环节,公共利益能否得到有力保护,关键看调查核实是否全面规范深入,查明的事实、收集的证据是否确实充分。实务中,因检察机关缺乏查封、冻结、扣押、拘传等强有力的调查手段,导致在民事公益诉讼中过多依赖刑事侦查,因此刑事附带民事公益诉讼数量在民事公益诉讼中占比过大。在行政公益诉讼上,调查核实需要被监督对象行政机关的协作配合,监督机关与被监督机关之间存在先天的相斥性,在没有有效制度保障情形下,调查核实丧失了独立性和公正性。

(四)现有体制机制无法满足公益诉讼新任务

近年来,公益诉讼办案数量呈持续增长态势,检察机关服务中心工作,依法能动履职效能进一步增大,但案多人少矛盾也进一步凸显。内设机构改革以来,基层院内设机构减少,不少基层院未单独设置公益诉讼部门,如苏州地区仅有三家基层院单设公益诉讼部门,其余七家基层院均为民事、行政、公益诉讼三检合一,人员不具有专职性和独立性,办案精力、重心都受到不同业务牵涉。另外,有的基层院在生态环境资源或食药领域中实行刑事与公益诉讼合一,但却忽略了刑事诉讼与公益诉讼办案差异,不少办案人员往往以刑事检察思维办理公益诉讼案件,缺乏对调查方式、证据标准的正确理解,影响公益诉讼的案件质效。

三、检察机关公益诉讼完善路径探究

(一)加强检察公益诉讼制度研究,推动检察公益诉讼专门立法

当前,学界和实务界对公益诉讼与私益诉讼的性质、功能、实现路径、制度设计以及与各部门法的衔接等方面都存在较大争议。笔者认为,公益诉讼不仅具有救济性,更具有预防性和惩罚性功能。其主要价值在于防止公共利益遭遇不可逆的损害,并通过惩罚

性的规则设置震慑潜在的同类行为，进而达到预防目的。当前检察公益诉讼存在的部分难题，通过加强自身建设或执法司法协同仍难以解决，迫切需要通过国家层面立法来破解。检察机关应在深化实践基础上，重点研究检察公益诉讼主体顺位、立诉分离管辖、调查核实权保障、证据形式、证据规则、惩罚性赔偿标准等问题，进一步提炼出案件范围、管辖、证据收集与保全、执行等符合检察公益诉讼规律的程序规则，与公益诉讼目的相匹配的规则标准。建议赋予检察机关与其他公益主体同等顺位，取消立案管辖与起诉管辖规则，借鉴行政执法调查、侦查方式方法、法院司法惩戒等有效措施，赋予公益诉讼查封、冻结、扣押、先行登记保存、拘传等更翔实更有强制力的调查核实手段。

（二）完善检察机关公益诉讼体制机制

1. 完善检察公益诉讼指挥体系。地市级检察院设立上下一体化的公益诉讼办案指挥机构，通过督办、办案指导和考核引导，在过程性管理和渗透式指引中发挥高位协调统筹和一线指挥部作用。地市级检察院带头办理疑难复杂、有影响力、推动阻力大的公益诉讼案件，根据基层院实际需求，全程参与基层办案，探索地市级检察院检察官以及检察官助理办理基层公益诉讼案件制度。全面推动基层公益诉讼部门单设，配齐配强人员力量，集中受理和统一办理公益诉讼案件，提升专业化办案能力和水平。两级检察机关通过“典型案例 + 经验总结 + 信息宣传”融合推进，形成履职合力。

2. 优化部门横向协作增强工作合力。全力贯彻落实好既有内部协作规范性文件，发挥跨部门办案团队的融合优势，进一步开展信息共享、线索移送、联动调查、分析研判，提升办案质效。优化检察贡献度考核，引导各部门形成相互配合、补位协作的良性工作格局。

3. 规范办案流程提升办案质效针对办案规范化问题常发在诉前的情况，探索制定行政公益诉讼全流程质量管控实施办法，完善诉前程序磋商机制、开展检察建议制发必要性审查、常态化“回头看”，探索预防性公益诉讼制度，建立工作项目清单对账销号机制和工作部署落实情况通报机制，健全跟进监督制度，努力推进办案规范化、体系化建设，使“以诉前实现维护公益目的为最佳司法状态”的检察理念得以有效贯彻落实，也为立法积累实践经验。

4. 提升公益诉讼办案能力。围绕公益线索鉴别能力、调查核实能力、对策建议探究能力、协调沟通能力、出庭应诉能力、推进督查能力、宣传组织能力建设，出台工作指引，扎实推进人才培育专业化、系统化。充分运用好与行政、司法机关同堂培训机制，增强互学互鉴；使用好与高校共建的协作平台，借助专家学术智慧提升检察公益诉讼办案水平。

（三）强化外部协同治理机制

1. 做好代表建议、政协提案与公益诉讼检察建议衔接转化工作。深化代表委员联络工作，全面获取代表建议、政协提案的主要内容，建立工作台账，形成闭环管理。对涉及法定领域的人大代表建议、政协委员提案，检察机关优先办理。坚持应转尽转，加强个案办理、类案监督。对办案中发现的社会治理漏洞,形成调研报告,通过社会治理类检察建议、代表委员建议提案,共同推动解决公益保护问题。聘请人大代表、政协委员为公益守护观察员,充分发挥检察云平台作用,让平台成为代表建议、政协提案与公益诉讼检察建议衔接转化有效载体。

2. 深化检政协同共治助推治理效能。在全力落实与行政机关已有协作机制的基础上,积极与审计、财政、国资等行政机关建立健全协作机制,推动信息共享、线索移送、案件会商、引导取证、联合行动,共同举行新闻发布会和发布典型案例,形成协同共治合力。充分利用行政磋商、圆桌会议、会议纪要、检察建议等手段,督促行政机关依法履职。推行公益诉讼检察辅导,规范和助推行政执法机关公益损害案件调查取证质量提升。做好公益守护后半篇文章,打通公益损害赔偿金回馈社会的最后"一百米"。

3. 促进检法深层沟通。建立常态化联席机制,通过定期会商、文件会签、专题研讨、同堂培训、个案沟通等方式,增进共识,共同下发办案指引,统一司法标准。加强大数据场景应用协作,开展国财国土、环境资源、劳动者权益保障、妇女权益保障等领域公益诉讼。

4. 聚合社会力量,提升律师、社会公众公益诉讼参与度。加强检律协作,在推进理念共融、机制共创、信息共享、协作共赢、队伍共建中,采用互评互议互督等方式,扩展公益保护的广度和深度。深化 12309 检察服务中心、线上"随手拍"线索举报平台,配套公益诉讼线索举报奖励办法,鼓励社会公众参与公益保护。发挥传统媒体和新媒体关于质量报告、问题反映、热线投诉等监督作用,拓展案源线索,跟进监督整改落实。

未成年人司法综合保护的现实困境与完善路径

唐云骢*

摘要:新时代未成年人司法综合保护富有鲜明的中国特色,强调以司法保护积极履职,发现未成年人保护社会问题,找准治理漏洞,主动开展法律监督,力争联合其他"五大保护"共同构建未成年人保护大格局。当前在未成年人司法综合保护工作中,制度落实对标顶层设计、工作模式对标实际需要、履职方式对标保护形势还存在差距,亟须在"单向到立体""单一到多元""被动到能动"三条路径上完成转变,以应对新时代下人民的新要求和社会的新期待,从而进一步完善我国未成年人司法综合保护体系,推进法治中国建设。

关键词:未成年人司法综合保护　中国特色　差距　三条路径

讨论研究未成年人司法综合保护,首先需要明确"未成年人司法综合保护"的定义。拆分来看,"未成年人司法"是指国家司法机关在从事司法活动中针对未成年人生理、心理特殊性而制定的有别于成年人的特殊司法制度。"综合保护"是指非一家的,整合多方力量,进行多维度保障与呵护。结合两项定义,未成年人司法综合保护是指,国家司法机关在从事司法活动中,立足司法职能,整合多方力量,给予未成年人有别于成年人的全方位、多角度的特殊保护。

经过数十年演进与变革,中国未成年人司法从初现到扎根,逐步形成富有本土特色的制度模式,目前已探寻出系统、全面的保护体系,即立足司法保护,向前后上下延伸触角,追根溯源、源头把控,不断净化未成年人保护大环境。但实践中司法综合保护工作开展与目标定位还存在一些差距,距离完全实现司法综合保护还有一定差距。检察机关是唯一参与司法保护全流程的政法机关,本文将立足未成年人检察工作,从未

* 唐云骢,江苏省盐城市人民检察院第七检察部检察官助理。

成年人司法综合保护的内核本质出发，分析实务中存在的问题，提出相应的完善路径，以求在现有基础上进一步完善未成年人司法综合保护，满足需求，解决问题，达到目标。

一、未成年人司法综合保护的内核本质

未成年人司法概念由来已久，域外各国各地区针对未成年人司法特殊制度进行过种种探索。我国未成年人司法自古便有雏形，如汉成帝时规定，“年未满七岁，贼斗杀人及犯殊死者，上廷尉以闻，得减死”。[①] 唐律明确规定了犯罪时尚年幼仍按照年幼因素来定罪量刑，“犯罪时幼小，事发时长大，依幼小论”。[②] 当代，附条件不起诉、合适成年人在场等制度也充分体现对未成年人的特殊对待。但纵观古今中外，对于未成年人司法的探索几乎都局限于司法领域内，对未进入司法环节的问题未发挥出司法导向作用。当前，我国新时代未成年人司法强调综合保护、主动融入、全面履职、能动司法，要求司法保护作用于其他领域，扩大司法影响力，避免司法被动性。这既体现了司法制度创新，也为未成年人司法保护中国式现代化提供了“综合”方案。我国目前所采用的未成年人司法综合保护模式，基于中国实际，服务新时代大局，具体而言，其内核本质体现在以下三个方面。

（一）个人成长发展的应然

“人类普遍的自然情感中原始存在着一种恤幼情感，要求对未成年人进行必要的照护，对犯错的未成年人给予适当的宽宥，这是人类善良本性和道德传统使然。”[③]未成年人司法综合保护是顺应人类成长发展趋势的。法律法规对未成年人的一系列保护，主要是基于未成年人的特殊性。从人类成长过程看，未成年人表现出生理性与社会性上的特殊。生理性上，人类成长需经历胎儿期、婴儿期、幼儿期、童年期、青春期、成年期、老年期七个阶段，其中前四个阶段为人生幼年期，身体弱小，机能不全，缺少认知及自护能力。青春期则是过渡阶段，我国一般将该时期的年龄定义为 11—17 岁[④]，在此阶段未成年人身体快速发育，第二性特征开始显现，身高骤长，体内激素变化剧烈，但在力量、灵敏等生理上仍与成年人有别，易受非法侵害，需特殊照顾。同时，虽然生理快速发育，但心理发育慢于生理发育，未成年人无法“驾驭”成熟的身体，不能很好地控制情绪，冲动、易怒、敏感、叛逆，因而也易不受控制侵害他人。社会性上，主要指阅历经验。青春期是“三观”形成的关键节点，面对纷繁复杂的社会，未成年人多在校读书，思想单纯，缺少社会阅历，较难进行正确的价值判断，处理问题、解决困难的能力尚不足，易受到不良诱惑，误入歧途。

---

① 班固：《汉书》卷二三《刑法志》，第 1106 页。

② 夏锦文：《中华法系的深厚底蕴及其创造性转化》，载《江海学刊》2023 年第 1 期。

③ 孙谦：《中国未成年人司法制度的建构路径》，载《政治与法律》2021 年第 6 期。

④ 骆一、郑涌：《青春期性心理健康的初步研究》，载《心理科学》2006 年第 3 期。

但因其可塑性,走上"错路"也存在较大的矫正空间。社会性与生理性并不一一对等,如《民法典》规定:"十六周岁以上的未成年人,以自己的劳动收入为主要生活来源的,视为完全民事行为能力人。"①法律在此肯定了未成年人社会面上的成熟,设定条件赋予其成年人的权利。综合分析,未成年人生理性上的弱势,社会性上的可塑和不稳定,皆对司法保护提出了更高的要求,迫切需要综合社会多因素进行专门保护和教育。未成年人司法综合保护符合人类成长逻辑,适配未成年人的社会阅历,有利于从未成年人角度出发,用符合未成年人特殊性的方式来解决涉未成年人问题。

(二)国家发展进步的必然

从国家层面来说,未成年人司法综合保护主要出于以下三个原因。一是保护国家的未来。"保护孩子就是保护未来。"人口数据背后反映的情况表明,社会发展带来的生活压力,和劳动人口迁移,可能会造成新生儿锐减②、留守儿童、事实孤儿等问题。司法机关在履职时,找准未成年人保护的症结,坚持问题导向以助推各界完善保护职责,既保护个体孩子成长,又能够推己及人保护更多未成年人,舒缓社会矛盾与压力。二是法律体系的完善。未成年人法律体系作为国家法律体系重要一环,设立与否在一定程度上反映出国家法治文明程度。此前,未成年人相关规定散落在各部门法中,独自运行且体系不健全。从 2012 年《刑事诉讼法》专章对未成年人制度进行规定,到 2020 年《未成年人保护法》修订,不仅对未成年人保护制度进行了系统化规定,从宏观上梳理未成年人保护具体职责,奠定综合保护基调,也为我国未成年人福利法、未成年人司法法持续发展指明了方向。三是司法理念更新。2021 年是未成年人检察制度建立 35 周年,从 1986 年上海长宁区检察院在起诉科内部成立"少年起诉组"开始,未成年人检察已发展成为我国未成年人司法的重要组成部分。③ 经过多年的深耕完善,未成年人司法理念也在不断更新。借鉴《联合国儿童权利公约》"儿童利益最大化原则",《未成年人保护法》结合中国实际确定的"最有利于未成年人原则",已然成为我国未成年人保护工作的基石。姚建龙教授认为:"中国特色的未成年人司法,不仅应当关注司法之内的'小少年司法',更应该关注司法之外的'大少年司法'。"④如宿迁市院在办案时发现的未成年人文身问题,出于"最有利于未成年人原则",开展民事公益诉讼,推动国务院颁布《未成年人文身治理工作办法》,实现对未成年人的综合保护。⑤ 未成年人司法综合保护符合中国国情,是完善中国特色社会主义法治体系的必要,也是未成年人保护司法理念更新的需求。

---

① 《民法典》第 18 条第 2 款。

② 国家统计局 2023 年 1 月 17 日发布的 2022 年国民经济运行数据数据显示,2022 年全年出生人口 956 万人,人口出生率为 6.77‰,这是 1950 年以来出生人口首次跌破 1000 万。

③ 那艳芳:《强化未成年人全面综合司法保护》,载《人民检察》2021 年第 Z1 期。

④ 姚建龙、申长征:《未成年人司法法的中国方案及其未来》,载《人民检察》2021 年第 11 期。

⑤ 参见宿迁市人民检察院网,http://sq.jsjc.gov.cn/yw/202206/t20220610_1397808.shtml。

（三）社会普遍关注的需求

未成年人保护关系民生根本、家庭福祉，社会大众对于侵害未成年人案件、未成年人“失足”、未成年人健康等问题普遍关注，对司法机关依法履职要求不断提高。一方面，社会需要司法机关及时通报，缓解舆情，维持公道；另一方面，在发掘真相的同时，也引发人们对未成年人成长环境的思考。群众对未成年人保护的观念转变，可以归纳为四个阶段：一是解决基本生存。物质匮乏年代，生育以生存为根本，无法在有限的物质里寻求更高的期待，对孩子生长发育、心理健康等问题关注甚少，特殊对待也多出自“尊老爱幼”的传统，至于如何爱、怎么爱未成体系。二是了解成长规律。随着物质生活丰富，人们有更多精力研究科学养育，开始了解未成年人成长阶段差异，正视青春期叛逆、身体发育困扰等问题，并制定必要特殊制度，区别对待未成年人与成年人。三是重视思想发展。随着思想逐步解放，未成年人内在素质的培养越发得到重视，综合素质教育占领高地，“德智体美劳”全面发展成为追逐目标，对未成年人的心理变化、情绪波动也时有关注。四是关注“他人之幼”。此阶段凸显对大环境的重视，监护人开始关注生活中不利于孩子健康成长的事件，如噪声污染、网络游戏、食品安全等问题，从“幼吾幼”到“人之幼”，往往能够联合起来提出诉求。以科学、严谨的法律制度，公正、正义的司法保障坚决维护未成年人合法利益，是社会普遍需求；社会也迫切需要司法机关及时介入，保障未成年人保护工作有序发展。

二、未成年人司法综合保护的现实困境

实践中，未成年人司法综合保护工作在制度落实对标顶层设计、工作模式对标实际需要、履职方式对标保护形势方面还存在差距，一些具象化的问题短期内难以解决。

（一）制度落实与顶层设计之间的差距

“两法”的颁布实施与未成年人检察制度的不断更新完善，极大地丰富了我国未成年人司法综合保护的顶层设计，全面保护有法可依、有迹可循，可以指导基层更好地维护未成年人合法利益。但实践中在特殊制度的贯彻上、四大检察的均衡上、六大保护的联动上还有许多亟待解决的困难，反映出未成年人司法保护推动模式的单向性。

1. 刑事特殊制度落实欠缺到位。刑事办案存在单向性，一线检察干警传统刑检思维定式较重，依然坚持“以案为主”，追求以案追责，以案惩戒（见图 1），缺少“以人为主”的理念，分析成案原因较少，对涉案人员考虑不周。刑事诉讼法等法律法规特别明确了涉未成年人刑事案件特殊制度，如对询问、讯问未成年人流程作出特殊规定。但基层实践中由于人员配置不充分、培训不到位等原因，出现多次反复询问、社会调查模板化、家庭教育简单化、附条件不起诉帮教形式化、犯罪记录封存不及时等问题，未充分考虑未成年人涉案原因，导致未成年人特殊制度落实有偏差。

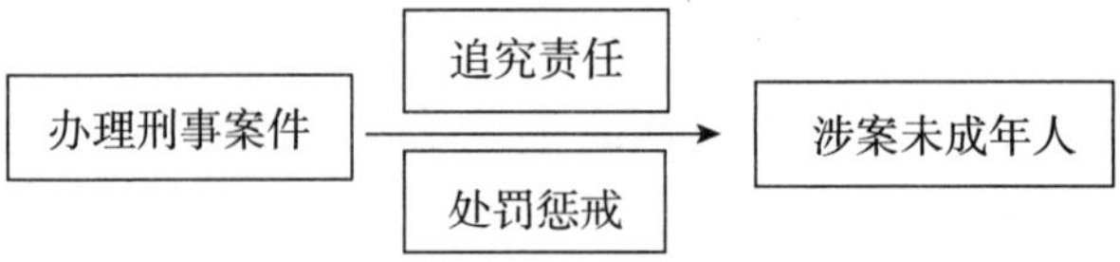

图 1　当前涉未成年人案件中案与人之间的单向性

2. 四大检察职能发展有失均衡。四大检察职能发展也存在单向性，其他三大检察依赖于刑事检察，四大检察之间联动互动的综合性不足(见图 2)，如民事、行政、公益诉讼检察缺少独立的线索来源，线索渠道较窄，缺少发现思维，导致司法综合保护效果不佳。此外，基层普遍将刑事办案作为主责主业，而对涉未成年人民事、行政、公益诉讼检察涉猎较少。民事检察多以支持起诉撤销、变更监护权、追索抚养费为主要案件类型，开展综合民事监督还不到位；行政检察在大多数基层院未实现"零"的突破；公益诉讼检察"等外"探索不足，新领域不敢先行尝试，民事公益诉讼较少；行政公益诉讼局限于食药品、宾馆入住等传统领域内。

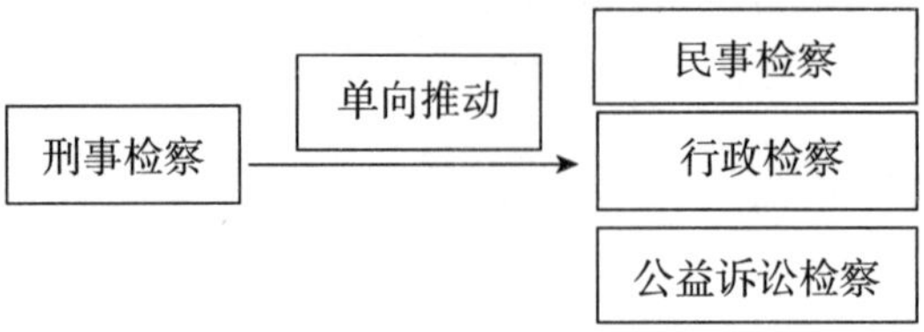

图 2　当前未成年人检察工作与四大检察之间的单向性

3. 六大保护之间缺少有机融合。六大保护之间同样存在单向性，主要体现在司法保护对其他五大保护的单向性(见图 3)，司法保护与其他五大保护结合不紧密，相互促进作用不明显。六大保护职能虽已划分，但还部分存在重复工作、表面应付、范围局限等问题。如法治校园建设中，部分学校先后邀请公安、法院、检察院人员担任法治副校长，职能重复；针对义务教育阶段辍学问题，部分学校为提高升学率，采取"隐性辍学"方式忽视"问题学生"；网络保护方面，受限于业务水平、隐私保护等原因，与公安、网信办等部门联合行动较少。五大保护对司法保护的反作用也较小，实务中，立足办案发现线索并予以专项整治的情况普遍，但联合其他五大保护形成机制，为司法保护移送线索、发现问题的不多。

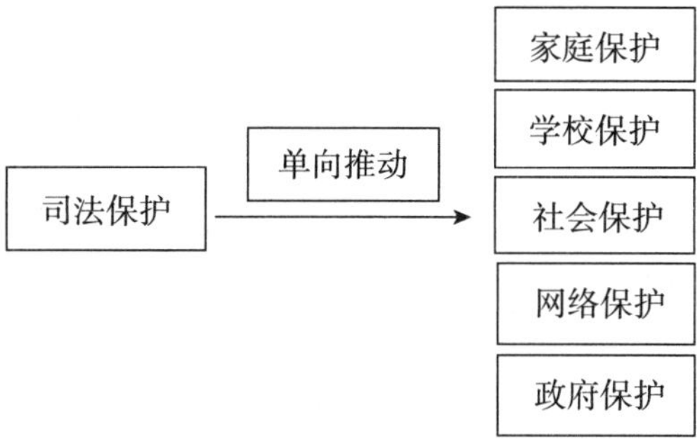

图3 当前六大保护之间的单向性

(二)工作模式与实际需要之间的差距

未成年人司法综合保护是系统工程,各地党委政府和社会力量等多维度、多主体的参与是必要的。但实践中,检察机关往往局限于自身小范围内,不仅自身专业化建设有待提高,主动向党委政府寻求资金投入、人员配备、工作协调等支持的力度也不够,充分利用社会组织参与的重视度欠缺,造成差距的原因在于工作模式单一,多元的支持体系不健全。

1. 人员机构配置不全。未成年人工作囊括四大检察,但由于基层案多人少、编制有限,许多地区尚未成立独立部门或办案组,甚至无法实现未成年人案件专人专办。“目前已有2207个检察院设立未成年人检察机构,但基层未成年人检察力量依旧还很薄弱,尚不能适应新时代未成年人保护更高要求。”①部分地方虽设立未检机构,但人数配置普遍较少,面对数量多、案情复杂的涉未成年人案件疲于应付,无法完全开展四大检察,导致许多工作目标无法达成。

2. 争取党委政府支持不积极。党委政府的支持是推动未成年人司法综合保护的重要力量之一。地方党委政府的支持,能够加快区域内未成年人保护格局构建,有利于形成好的保护风气。实践中,基层检察机关向党委政府汇报未成年人保护新理念、新要求不及时,对未成年人综合保护困境的调研还不够深入,对党委政府建言献策的频率还不够高,这也导致不同地区之间对未成年人保护重视程度存在差异。以专门学校建设为例,《预防未成年人犯罪法》中明确规定了专门学校建设,要求地方积极建设专门学校,对罪错未成年人进行专门教育。② 部分基层检察机关在专门教育、专门学校建设中的牵头和引导作用还未充分发挥,未及时向党委政府汇报最新的未成年人保护理念,导致许多地方专门学校数量太少,办学经费、课程设计、人员配置还不完备,支持力度还不够大。

3. 社会力量参与度不够。社会支持体系的构建与完善,对未成年人司法具有重要意

---

① 2022年10月28日,张军在第十三届全国人民代表大会常务委员会第三十七次会议上作《最高人民检察院关于人民检察院开展未成年人检察工作情况的报告》。

② 参见《预防未成年人犯罪法》第6条。

义。专业的社会工作参与能够提高帮教效果,降低再犯风险,节约司法资源。随着未成年人司法综合保护的深入,对社工组织的需求不断扩大,但部分地区由于理念陈旧、经济薄弱、人口流出等问题,社会工作开展缓慢。实践中多数社会工作者为兼职工作者或者退休人员,缺少系统化、规范化的知识;一些研究发现,各类社会支持组织提供的合适成年人、社会调查服务在具体的司法环境中并没有产生实质的作用和影响。① 部分地区在社会帮教力量培养、购买服务的力度、资金倾斜、人员配置等方面投入较少,导致社会调查、附条件不起诉帮教、心理辅导、社区矫正等工作效果打折扣。

(三)履职方式与保护形势之间的差距

当前,检察履职督促社会治理并强调源头监管,亟待检察机关在未成年人保护中主动作为、能动敢为。但目前履职存在被动性、滞后性,与新时代未成年人保护形势不匹配,难以推动未成年人保护综合化开展。实践中存在家庭教育欠缺强制、法治教育欠缺创新、治理监督欠缺技术问题等,反映出检察机关在于履职方式不力,能动履职还未完全贯彻。

1. 家庭教育欠缺强制。家庭教育指导工作目前是针对涉案未成年人的必要工作之一,形式包括训诫、督促监护令、家庭教育指导令等,但强制性皆有所不足。部分家长不愿配合司法机关开展教育,实践中也常发生通知家长不到达、家庭教育不认真、开展指导不配合等情形,涉案未成年人未得到应有的家庭保护,再犯可能性较大。检察机关在此方面履职方式单一,缺少必要手段强制命令监护人履行职责,导致保护措施无法满足实际需要,家庭教育指导的威严不足,影响综合保护成效。

2. 法治教育欠缺创新。法治教育作为前端预防工作,对培养未成年人法治意识具有重要意义。实践中法治教育存在以下两方面问题:一方面,依托法治副校长制度,基层检察院常态化走进校园普法,但多数仅是普法授课,对校园制度建设、校园安全等问题主动监督较少,未充分发挥"副校长"全部职能。另一方面,法治教育缺少新颖性,检察授课存在年年讲、反复讲的情况,重形式大于重视内容,较少做到实时更新内容。实践中乡村学校、中职学校等"法治最后一公里"也未完全打透,部分宣讲缺少创新,学生年年听课,收获却不多。

3. 社会治理欠缺技术。侵害未成年人案件具有隐蔽性,涉未成年人新事物不断更新,现有监督模式难以有效、及时发现并整治问题。如涉未成年人新领域、新业态不断出现,电竞酒店、私人影院、密室逃脱等事物深受未成年人喜欢,但由于法无明确规定,往往存在因循守旧、被动监督、被动办理问题。司法机关充分利用大数据技术进行能动履职的能力还不够,与各职能部门间数据互通存在壁垒,无法通过数据预警、数据倒查对侵犯未成年人公共利益的情况、强制报告制度的落实、困境儿童的救助等民生问题精准把握,

---

① 参见何挺:《合适成年人讯问时在场:形式化背后的"无用论"反思》,载《环球法律评论》2019 年第 6 期。

难以服务治理体系和治理能力现代化，营造未成年人司法综合保护大环境存在阻碍。

三、未成年人司法综合保护的完善路径

针对上述三项差距，未成年人司法综合保护应当从“单向到立体”“单一到多元”“被动到能动”三条路径出发，坚决夯实检察职责，立足司法保护，构建立体模式，争取多方支持，形成良性互动循环，更加深度落实未成年人司法综合保护。

（一）从单向推动往立体发展转变

未成年人司法综合保护不仅仅是单向的、一对多的推动模式，应当双向推动，互相促进，共建保护格局。刑事办案方面要贯彻落实“最有利于未成年人原则”，持续更新未成年人保护理念，转变办案思路，强调“由人及案”和“由案育人”，注重分析涉案原因，厘清办案与护人之间的辩证关系，依法落实未成年人特殊制度，保障未成年人合法权益，这是未成年人司法综合保护的最基础的“根”（见图4）。在四大检察业务发展上，要逐步改变刑事单向推动的情况。目前四大检察职能履行有两个途径：一是从办理的刑事案件中发掘民事、行政、公益诉讼线索；二是脱离刑事案件，通过丰富线索发现、移送渠道等单独获取民事、行政、公益诉讼线索来进行办理。要摒弃“刑案为主，其他为辅”的错误观点，探索拓宽其他三大检察的线索与业务，努力通过其他三大检察反查刑事案件，相互推动、同步发展（见图5）。在六大保护有机融合上，稳步改变司法保护对其他五大保护的推动作用，要引发其他五大保护的“自驱力”：一是由其他五大保护反推司法保护前进，二是其他五大保护之间也要相互推动促进，检察机关应该从中协商协调，牵头制定一系列磋商会商机制，在区域内形成良好综合保护环境，最大化发挥司法保护作用（见图6）。

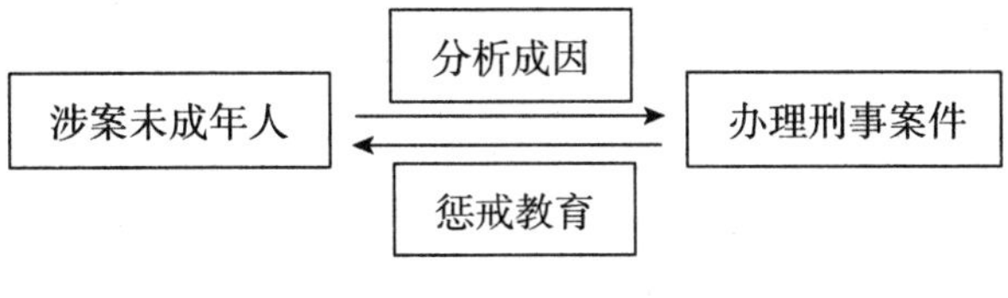

图4　综合保护形势下涉未成年人案件中案与人之间的关系

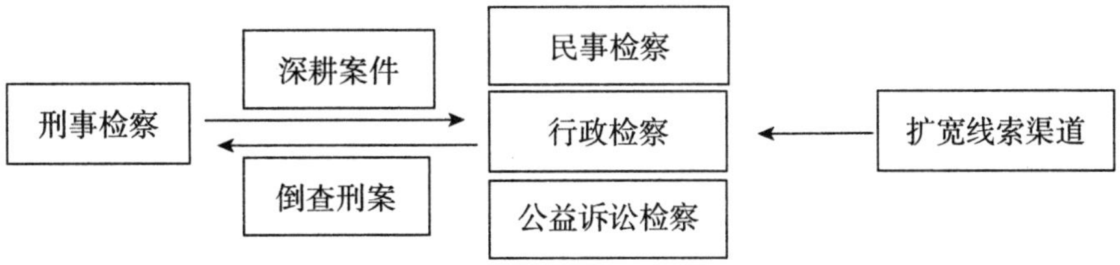

图5　综合保护形势下未成年人检察工作与四大检察之间的关系

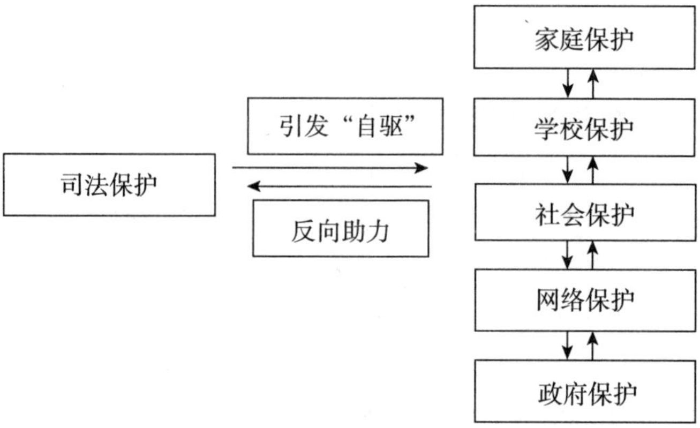

图 6　综合保护形势下六大保护之间的关系

（二）从单一模式往多元支持转变

未成年人司法综合保护的核心是“综合”，单一工作模式必然落后，具体工作开展也易受挫。检察机关本身力量和能力有限，要及时加强专业化建设，实现未成年人案件专人专办，准确区分未成年人与成年人之间的差异，稳步充实未检队伍，将人员从刑事案件中“解脱”出来，放长眼光开展多元司法保护。要通过撰写调查报告、牵头专项行动、总结经验做法等方式，为党委政府建言献策，主动寻求党委政府支持，包括财政资金、政策倾斜、牵头会商、民生工程等，以司法履职更新理念，全力推动区域未成年人综合保护。要全面梳理本地区未成年人涉案的基本面和严峻程度，认清未成年人分级干预的重要性，力争推动党委政府制定本地区专门学校、专门教育建设，助力未成年人回归社会，维护社会稳定。要全面组织构建社会支持体系，建议政府重点扶持、培育专业的社会组织，国家层面也应加强指导和监督，使自上而下的推动与自下而上的探索相得益彰。① 检察机关也要加大资金投入购买社会服务，提升社会组织在社会调查、精准帮教、心理疏导等业务内的参与度，使未检业务向专业化转型。同时要强化对社会工作的培训，完善必要的考核评估机制办法，确保社会力量参与质效。

（三）从被动履职往能动履职转变

以社会需求为导向，走出法律被动监督“舒适区”，强化未成年人司法保护的主动监督，全面融入社会治理。“对罪错未成年人监护人强制亲职教育缺乏‘刚性’的规定无异于推舟于陆。”②基层要围绕提升家庭教育指导工作强制力进行探索完善，与公安机关等执法部门开展协商合作，对拒不接受训诫、家庭教育指导的监护人采取必要强制措施，以

---

① 何挺、张丽霞：《未成年人司法社会支持体系之思考：基于风险控制理论范式的视角》，载《中国应用法学》2020 年第 2 期。

② 姚建龙、陈子航：《罪错未成年人监护人强制亲职教育的立法省思——主要以〈中华人民共和国家庭教育促进法〉为研究对象》，载《中华家教》2022 年第 3 期。

“刚性”夯实家庭保护，从根上保障未成年人权益。要不断创新法治教育工作，充分发挥“法治副校长”制度作用，主动常态化开展校园安全监督，对校园内安全、校园周边环境维护实时关注，有针对性地开展法治宣传工作，丰富内容、创新形式，引导学生们“扣好人生第一颗扣子”。要依托大数据技术助力检察新增长，强化大数据运用，深入落实“检察大数据战略”，深入推进与公安、法院、卫生健康、民政、教育等单位的信息共享，通过数据碰撞对比研判，倒查工作开展，预判违法犯罪，找准工作难点、弥补治理漏洞，勇于、善于运用大数据开展法律监督，实现未成年人检察监督提质增效。①

① 参见童建明：《持续深化未成年人检察业务统一集中办理工作 以更优综合司法保护护航未成年人健康成长》，载《人民检察》2022 年第 14 期。

涉未成年人犯罪治理的问题及完善机制探析

赵　静*

摘要：未成年人是民族之脊，国家之本。涉未年人犯罪治理，已成为世界共识。检察机关是实现未成年人保护治罪与治理的重要参与者。从检察机关来看，涉未年人犯罪治理仍任重道远，在工作理念、评价体系、客观保障条件、配合机制等多方面存在问题。结合基层检察机关的实践和问题，建立健全涉未成年人犯罪治理的一体化、规范化、系统化的社会治理工作机制，将更有利于发挥检察机关在涉未成年人犯罪治理中的作用。

关键词：未成年人犯罪治理检察机关机制

近年来，随着经济飞速发展，社会转型与价值多元叠加，产生了一系列突出问题。其中，未成年人犯、环境污染、毒品犯罪并列成为世界三大公害。① 与成年人犯罪相比，未成年人犯罪的危害性不仅限于对国家、社会与他人的损害，还包括对其自身的伤害。加强涉未成年人犯罪治理已成为世界各国共识。在我国，涉未成年人犯罪治理始终是社会各界关注的重点议题。涉未成年人犯罪社会治理包括未年人犯罪、以未成年为侵害对象的犯罪两方面。如何有效压降未成年人犯罪和侵害未成年人犯罪案件发生，是涉未成年人犯罪治理的工作重点。当前，涉未犯罪治理工作成效仍不明显，亟须正视问题，建立涉未成年人犯罪治理的一体化、规范化、系统化的社会治理工作机制，以探寻解决涉未成年人犯罪治理的有效路径。

一、涉未成年人犯罪状况

（一）未成年人犯罪人数的急剧增长

20 世纪 80 年代中期以来，未成年罪犯人数整体快速攀升。90 年代未成年人犯罪形

---

* 赵静，江苏省泗阳县人民检察院党组书记、检察长。

① 参见宋远升、陈思贤、王俊杰：《少年犯罪对策论》，法律出版社 2013 年版，序言。

势有所好转,增长势头减缓。[①] 21 世纪的前几年,未成年人犯罪再次呈现快速增长势头,未成年罪犯人数 2000 年为 41709 人,至 2004 年时已达 70086 人,[②]四年时间增长 28377 人,增幅达 68.04%,平均年递增 17.01%。如果以 20 世纪 80 年代、90 年代和 2000—2004 年划分三个阶段的话,则可以看出未成年人犯罪整体呈阶段性上升趋势,并且增长幅度不断加大。1985—1989 年年平均判决未成年罪犯 29000 余人,1990—1999 年年平均判决 35900 人,与 20 世纪 80 年代相比,年平均判决人数增长 6900 人,增幅达 23.79%;2000—2004 年年平均判决 54000 余人,与 90 年代相比,年平均判决人数增长 18100 人,增幅达 50.42%。[③]

(二)未成年人犯罪的特点

据统计,2018 年至 2021 年,检察机关受理审查起诉未成年人犯罪年均上升 8.3%。[④]经过梳理发现,目前涉未成年人犯罪呈现如下特点:

1. 未成年人结伙作案现象突出。他们或者受成年人的诱惑而加入成人犯罪团伙,或者因共同的消极心理和志趣而结成未成年人犯罪团伙。据公安部统计,1991 年至 1995 年未成年人共同作案人数占 55% 以上,其中团伙作案占 30% 左右。[⑤] 未成年人团伙犯罪有两种形式:一类是偶合性的共同犯罪。往往由同辈群体中的骨干分子提议,一拍即合,一哄而起实施犯罪,多出于报复、侵财的目的,具有偶发性、突发性的特点。另一类是组成相对固定的犯罪组织实施犯罪。他们往往连续作案、流窜作案,犯罪目的明确,犯罪手段成人化、专业化,暴力性明显,帮会色彩浓厚,有些已经向黑社会性质组织演变。[⑥]

2. 未成年人犯罪类型不断增多,新的犯罪类型不断出现。从过去主要涉及盗窃、斗殴等轻微犯罪向所有成人犯罪类型扩展,其侵害的客体涉及危害公共安全、破坏社会主义经济秩序、侵犯公民人身权利、侵害公私财产等,触犯的罪名包括盗窃、抢劫、诈骗、抢夺、聚众斗殴、侮辱妇女、强奸、杀人、伤害、寻衅滋事、聚众淫乱、组织妇女卖淫、投放危险

---

① 20 世纪 80 年代的未成年人犯罪人数,由 1985 年的 17506 人上升至 1989 年的 42766 人,四年增幅达 144.29%,平均年递增 36.07%;20 世纪 90 年代,未成年罪犯除 1990 年、1996 年、1999 年突破 4 万人外,其余年份均在 3 万人至 4 万人小幅波动。据专家分析,此一阶段未成年人犯罪在数字上表现出的增长幅度回落与 1992 年提高刑事犯罪立案标准及变动犯罪统计口径、1997 年刑法修订后对已满 14 周岁不满 16 周岁的未成年人只对故意杀人等八种重罪定罪判刑等因素有关,并不代表未成年人犯罪的真实情况,实际增加的数量应该比较大地高于人们看到的统计数量。参见徐建主编:《青少年法学新视野》,中国人民公安大学出版社 2005 年版,第 7 页。

② 参见最高人民法院院长肖扬 2005 年 3 月 9 日在第十届全国人民代表大会第三次会议上所作的《最高人民法院工作报告》。

③ 每年判决的未成年罪犯数量除特别注明外均来源 1985—2003 年《中国法律年鉴》,增长人数及增幅则根据统计年鉴上的数据计算。

④ 参见最高人民检察院于 2021 年 6 月 1 日发布的《未成年人检察工作白皮书(2020)》,载 https://www.spp.gov.cn/spp/llyj/202104/t20210408_515133.shtml,2022 年 3 月 10 日访问。

⑤ 参见最高人民检察院:《2020 年未成年人犯罪数量有所下降　但未成年人保护形势不容乐观》,载 https://baijiahao.baidu.com/s?id=1701329957426233994&wfr=spider&for=pc。

⑥ 参见俞军:《我国未成年人刑罚从宽制度问题的研究》,载《法制博览》2022 年第 22 期。

物质、爆炸等。近年来，未成年人又开始涉足吸毒、网络犯罪、色情犯罪等新犯罪类型。

3. 未成年人犯罪呈低龄化倾向。未成年人犯罪占整个刑事犯罪的比率提高，低年龄罪犯在未成年罪犯中比率提高，未成年罪犯平均年龄降低，未成年人始犯年龄降低等现象，都反映了未成年人犯罪低龄化趋势。20 世纪 90 年代以来，我国的犯罪初始年龄比 70 年代提前了 2—3 岁。从 1991 年至 1998 年，不满 14 岁的未成年人违法犯罪行为也在增加。① 2020 年，全国检察机关共受理审查逮捕未成年犯罪嫌疑人 37681 人，受理审查起诉 54954 人，批准逮捕 22902 人，不批准逮捕 14709 人，提起公诉 33219 人，不起诉 16062 人（含附条件不起诉考验期满后不起诉人数），不捕率、不诉率分别为 39.1% 和 32.59%，继 2019 年受理审查逮捕、审查起诉未成年犯罪嫌疑人同比上升 7.51%、5.12% 之后，由于升降态势与疫情防控形势关联较大，2020 年相关数据有所下降，但未成年人犯罪低龄化的趋势依旧不容乐观。2016 年至 2020 年受理审查起诉 14 至 16 周岁未成年人犯罪分别为 5890 人、5189 人、4695 人、5445 人、5259 人，占受理审查起诉全部未成年人的比例分别为 9.97%、8.71%、8.05%、8.88% 和 9.57%。②

4. 性侵害犯罪在侵害未成年人犯罪中占有较大比例。2018 年 1 月至 2019 年 10 月共起诉性侵害未成年人犯罪 3.25 万人。③ 根据最高人民检察院（以下简称最高检）发布的 2020 年 1 月至 3 月全国检察机关主要办案数据中显示：全国检察机关对性侵害未成年人犯罪决定起诉 4151 人，同比上升 2.2%。④ 最高人民法院刑事审判第一庭在发布性侵儿童犯罪典型案例答问时提到，奸淫幼女、猥亵儿童等性侵害儿童犯罪仍处于多发态势，以猥亵儿童犯罪为例，2017 年至 2019 年 6 月，全国法院共审结猥亵儿童犯罪案件 8332 件。其中，2017 年审结 2962 件，2018 年审结 3567 件，2019 年 1—6 月审结 1803 件。⑤

二、涉未成年人犯罪治理存在的问题

当前，未成年人违法犯罪问题已经成为社会治理工作中的一大痼疾，未成年人违法犯罪治理的整体形势仍然较为严峻。分析发现，主要在工作理念、工作规范、保障及协调配合上存在一些问题。

（一）检察机关内部存在的问题

1. 未成人检察工作的工作理念转变不到位。囿于重打击、轻保护观念的长期影响，

---

① 参见刘万永：《我国青少年犯罪呈低龄化智能化》，载《中国青年》2000 年第 4 期。

② 参见最高人民检察院于 2021 年 6 月 1 日发布的《未成年人检察工作白皮书（2020）》，载 https://www.spp.gov.cn/spp/llyj/202104/t20210408_515133.shtml，2022 年 3 月 10 日访问。

③ 参见《2018 年至 2019 年 10 月共起诉性侵害未成年人犯罪 3.25 万》，载国务院妇女儿童工作委员会网，http://www.nwccw.gov.cn/2019-12/23/content_277577.htm，2021 年 5 月 20 日访问。

④ 参见《2020 年 1 至 3 月全国检察机关主要办案数据》，载最高人民检察院网，https://www.spp.gov.cn/spp/xwfbh/wsfbt/202004/t20200415_458851.shtml#1，2021 年 5 月 20 日访问。

⑤ 参见《最高法刑一庭就发布性侵儿童犯罪典型案例答问》，载中国法院网，https://www.chinacourt.org/article/detail/2019/07/id/4203753.shtml，2021 年 5 月 20 日访问。

未成年人案件司法处理的保护性理念尚未完全梳理，使司法者在处理该类案件方面缺乏应有的动力。涉未成年人犯罪也呈现新的复杂情况，暴露出一些深层次问题，需要未检检察官顺应新形势不断更新办案理念。但在办理涉未刑事案件中，检察官往往更多关注对已发生犯罪事实的定罪处罚、对未成年犯罪嫌疑人的帮教矫治、对未成年被害人的保护救助等，而对案件发生的原因、特点和趋势，享受义务教育等未成年人权利是否受到保护，行政部门与未成年人相关监管职责是否落实到位等思考较少，关注事后"治罪"多于关注事前"治理"，系统、能动履职的理念亟须强化。

2. 检察机关内部工作规范不健全。自 2021 年开始，检察机关涉未成年人刑事、民事、行政、公益诉讼案件由未成年人检察部门统一集中办理，同时明确了"捕、诉、监、防、教"一体化履职的基本模式。涉未犯罪治理应当归入其中的"防"，即"惩治于既然"和"防患于未然"相辅相成构成"防"。从基层实践操作层面看，涉未成年人犯罪治理问题线索来源、审查要求、治理方式、外部协作、跟踪回访、考核评价等工作规范不健全。对于犯罪治理工作，检察官做与不做、做的好与不好，目前没有一套系统进行规范和评价。

（二）未成年人犯罪治理的罪前治理保障条件不到位

大量数据和案件表明，未成年人实施犯罪行为之前，常常已经实施过不良行为或违法行为，并且这些行为在早期并没有得到及时有效干预。未成年人实施刑法规定的行为，因不满法定刑事责任年龄不予刑事处罚的案例也经常发生。这类群体是开展涉未成年人犯罪治理的重点对象，根据《预防未成年人犯罪法》（以下简称《预防法》）第 41 条、第 43 条、第 45 条的规定，公安机关可以采取将上述人员送入专门学校开展专门矫治教育、责令接受社会观护等干预措施，但目前全国仅有 100 余所专门学校，江苏仅有 1 所，没有阵地支撑，导致上述法律规定在基层无法落地。此外，支撑治理工作的人员、资金、阵地等保障要素不充分也一定程度影响了治理工作的开展。①

（三）各责任主体的协调机制不畅

涉未成年人犯罪治理工作应在《未成年人保护法》（以下简称《未保法》）确立的"六位一体"未成年人保护大格局的框架下展开。绝大多数涉未成年人犯罪治理问题，都不是一个部门一个系统的力量可以解决的。但在犯罪治理线索发现、治理措施研判和落实、治理效果实现等方面，各责任主体基本上仅在个案中联络、推进，没有在面上形成有效联动机制。②《未保法》明确规定，未成年人保护工作协调机制具体工作一般由县级以上人民政府民政部门承担。民政部门许多工作仍处于摸索阶段，在人力资源配置上略显紧张，承担未成年人保护及犯罪预防相关职责的其他行政部门力量也较为薄弱。相关部

---

① 参见王燕飞、黄璐璐：《性侵未成年人犯罪现状、原因及治理对策》，载《预防青少年犯罪研究》2021 年第 3 期。

② 参见李方超、金泓序：《未成年人犯罪治理与预防问题研究——以吉林省长白地区司法现状为例》，载《净月学刊》2016 年第 3 期。

门也没有及时引入青少年事务社工等社会力量介入支持相关工作，导致检察机关提出犯罪治理问题建议后，相关部门的推进落实大多停留于出台规范、象征性开展一些专项整治行动等层面。此外，青少年司法社工的使用也仅停留在服务检察机关相关办案工作层面，公安、法院、司法行政等部门等引入较少。

三、完善涉未成年人犯罪治理工作机制的路径思考

如前文所述，涉未成年人犯罪治理存在多方面的问题，有必要建立涉未犯罪治理的一体化工作机制，进一步加强涉未犯罪治理的规范化、系统化，充分履行检察职能，推动形成全社会治理合力。

（一）完善涉未成年人犯罪治理一体化工作机制

涉未成年人犯罪不仅是重要的司法问题，更是突出的社会问题。仅停留在单个案件层面的打击、保护已无法适应当下未成年人犯罪发展形势的要求，而应当主动将涉未犯罪治理融入检察办案、诉讼监督工作中一体化推进，努力实现“治罪”与“治理”并重的目标。检察机关涉未犯罪治理一体化工作机制的建立，可以采取如下措施：

1. 增配从事涉未犯罪治理工作的专业团队。随着未成年人检察工作深入发展，职能范围不断拓展，在原有办理涉未刑事案件基础上，还要学习办理民事检察、行政检察和公益诉讼检察案件。但基层未检部门人员力量配备大多比较薄弱，大部分工作精力投入在涉未刑事案件的办理和涉案未成年人帮教矫治等，对于另三大检察、犯罪治理等仍处于思考、试水阶段，未形成办案规模和工作影响，案件线索来源少等问题突出。如果在未检部门增配专门从事涉未犯罪治理工作的专业团队，可考虑由 1 名检察官 +1 名检察官助理 +1 名书记员 +1 名政府招聘未成年人司法社工组成。对进入检察环节所有刑事案件同步审查，深度挖掘案件中反映各类关于未成年人保护及犯罪预防工作的问题线索，并逐案形成专门涉未犯罪治理问题研判报告，提出下一步工作处置意见。考虑到基层力量的实际，该团队可同时负责涉未公益诉讼案件的办理，此类案件大多涉及面上未成年人公共利益保护问题的治理，与犯罪治理工作有相通之处，也便于融合。

2. 对治理问题线索实行归口管理、流转和跟踪督促。在解决了线索收集问题的前提下，对这些线索应当由上述治理团队归口管理、流转和跟踪督办，解决没人管、没人问的问题。在办案中发现的治理线索，解决的路径其实是多元的，如刑事诉讼监督、民事行政检察监督、申请司法救助、提起公益诉讼或向相关部门制发社会治理检察建议、报送涉未犯罪治理问题专题报告等。对于前三项可以交办至相关责任部门或人员，并跟踪督促落实情况，而对于其他则可由治理团队自主办理。总之，要实现上述线索从发现、转交、审查办理到跟踪督促的全程管理，推动治理工作形成闭环。其中对于发出的社会治理检察建议、报送的类案治理工作情况报告等，应当采用实地检查、回访被建议单位等方式，针对治理的效果每季度开展回头看，确保治理效果落到实处。这些环节的工作一般不需要

精深的法律专业素养,可考虑交由团队内的未成年人司法社工完成。

3. 建立同步审查、同步讨论、同步处理工作机制。检察机关受理涉未刑事案件后,治理团队应安排人员同步审查案卷全部材料,分析提出案件中存在与犯罪治理相关的问题,并提出处置意见。因案件处理、当事人帮教矫治、涉未犯罪治理等工作可能分由不同团队负责,对于案件诉或不诉、捕或不捕、如何帮教矫治、保护救助、问题治理等情况,应当组织集中同步讨论,以有利于全面掌握案件相关情况,作出科学客观判断。为确保涉未犯罪治理工作的时效性、持续性,一般应当在案件作出审查处理决定的同时,就相关治理问题启动处置措施,如提交报告、发出建议等。在案件处理前,相关工作已完成、工作条件具备的,也可提前启动。

(二)完善涉未成年人犯罪治理规范化工作机制

在未检办案、监督中一体化推进犯罪治理工作,解决了工作框架的问题,还需对涉未犯罪治理工作进行细节固化、流程规范,变"软任务"为"硬责任"。在个案办理中规范化地开展犯罪治理工作,应做好以下几方面的工作:

1. 全面审查案件事实证据材料,必要时可补充调查。应当紧紧围绕"保护"和"预防"这两个关键词,对全案事实证据进行全面审查,深挖问题线索。重点关注定罪处罚之外,《未保法》《预防法》等法律法规中未成年人保护的规定是否落到实处,政府、学校、家庭、市场主体等法律责任是否履行到位,案涉未达刑事责任年龄未追究刑事责任未成年人干预矫治是否充分,等等。可在不断探索的基础上总结形成涉未犯罪治理问题要点提示,逐步形成规范。对于案卷中有证据指向治理问题线索、但现有材料不足以提出针对性治理建议的,对于通过其他渠道发现可能存在涉未犯罪治理问题线索、但不掌握事实证据情况的,可通过调取书证、询问谈话等方式调取相关证据,固定精准提出治理建议的事实依据。审查中,还应当对是否有需要开展刑事和解、司法救助等情形予以关注,及时转相关单位或部门处理,最大限度化解社会矛盾、保护未成年人、修复受损社会关系。①

2. 逐案制作涉未犯罪治理研判报告,必要时可组织公开听证。在配备专门团队负责涉未犯罪治理工作基础上,在全面审查调查相关事实证据前提下,对审查调查经过、发现问题及事实依据、提出治理建议等内容应制作形成涉未犯罪治理研判报告,开展相关工作形成的材料单独成卷,逐步推动工作精细化、规范化。在提出治理建议前,可邀请拟提出建议单位代表、相关领域专业人等听取意见,必要时可以召开公开听证会,不断提升治理建议的科学性和可操作性,争取涉未犯罪治理工作最大合力。

3. 定期召开犯罪治理效果回访会,邀请人大代表、政协委员等共同评议效果。调研发现,在涉未犯罪治理领域,一段时期的问题还是比较集中的,变化不大。针对某一个问

---

① 参见罗浩:《失学辍学未成年人犯罪预防与社会治理的实践与探索——以J省检察机关办理的相关案件为样本》,载《江苏警官学院学报》2022年第2期。

题提出治理建议后，在基层也应该像最高检对 1 号检察建议落实的要求一样，没完没了、一抓到底。可以探索到治理涉及的 KTV、宾馆、网吧等场所，到接受治理建议的行政部门，到学校等地点，召开涉未犯罪治理效果回访会，适时邀请人大代表、政协委员等共同评议效果。对一个领域的问题，一份建议一竿子抓到底，抓反复，反复抓，确保治理效果。

（三）完善涉未成年人犯罪治理系统化工作机制

解决未成年人犯罪问题需要有效的法律，但是也需要强有力的政府支持，关心未成年人成长的社会环境、家庭支持系统，以及全社会全民的支持。检察机关应推动涉未犯罪治理的系统化建设，争取涉未犯罪治理工作最大合力。可着重从以下三个方面推进系统化治理：

1. 有效融合县域资源。推动宣传部未成年人成长指导中心、妇联的家庭教育指导中心、团委的未成年人心理健康中心、设置于各乡镇村居的留守儿童之家等更好地发挥职能作用，协同履职，形成治理合力。

2. 推动县域部门工作联动。应当围绕治理线索发现与流转、治理建议的提出与跟进、治理效果的考核与评价等问题，推动建立联席会议机制、构建大数据共享平台等，强化工作配合。关于培育引入社会力量，各地都有一些很好的探索，宿迁检察机关遇到的问题主要是如何培育专业社工团队、如何建立规范标准化工作流程、如何设置工作成效评价体系等。对此，上海、深圳等一些地区都有比较成熟的经验，可以直接引入借鉴。

3. 培育引入社会力量。从深化涉未成年人犯罪治理工作、推动地方形成未成年人六位一体大保护格局角度出发，应统筹考虑建立集未成年人心理疏导、家庭教育、就业指导、团体辅导、法治教育等多功能于一体的涉未成年人犯罪治理一站式工作中心，由政府招聘专司青少年事务的社工，负责统筹各单位之间沟通联系、阵地使用管理等。同时由民政部门引入、培育专业的司法社工团队，负责在中心开展帮教矫治、心理疏导等专业工作。实现阵地、人员共享联动，有序、系统开展涉未犯罪治理相关工作。

提升项目资金绩效管理检务保障水平的思考

江苏省扬州市人民检察院课题组*

摘要:近年来,司法体制改革持续深化,检察职能不断优化,检察机关项目资金的需求和使用方向发生了变化。随着财政资金向绩效拨款转变,对财务人员用足用好项目资金促进检务保障水平提升,助力检察业务高质量发展提出了更高更具体的要求。当前,检察机关在项目资金绩效管理实施中面临思想认识、制度保障、监督约束等问题,亟须通过培育专业人才、提升管理约束、利用多元监督、深耕创新突破等路径,促进检务保障提质增效。

关键词:项目资金绩效管理　检务保障　财务管理

项目资金绩效管理是指财政部门和预算部门(单位)对财政安排的项目资金实施目标管理、绩效跟踪、绩效评价及结果运用有机结合的管理机制。当前财政收入增长放缓与财政刚性支出增长过快的矛盾日益凸显,对项目资金进行绩效管理,提升财政资金效能是当前财政工作的重要内容之一。检察机关在项目资金使用过程中,以项目绩效为导向,既能使财政资金真正用到促进检察事业发展的刀刃上,又能使财政资金的使用实现政治效果、社会效果、法律效果的有机统一。

一、项目资金绩效管理概况

(一)国内外项目资金绩效管理改革经验

20 世纪 70 年代,西方国家相继出台以任务完成为导向配置预算资源的绩效管理制度。以美国为例,1970 年《立法机关重组法案》分析政府项目和行为结果;1973 年尼克松

---

* 课题负责人:郭锦勇,江苏省扬州市人民检察院党组副书记、副检察长。课题组成员:郭勤,江苏省扬州市人民检察院计划财务装备处处长;沈琦,江苏省高邮市人民检察院政治部副主任;殷雯,江苏省高邮市人民检察院办公室四级主任科员。

政府引入目标管理制度，制定绩效指标；1993 年《政府绩效与结果法案》提出量化绩效考核标准；2002 年小布什政府引入项目等级评估工具；2009 年奥巴马政府构建绩效门户网站，接受公众监督，预算绩效改革的步伐从未停止。①

20 世纪 80 年代，我国逐步引入预算绩效管理理念。以江苏省为例，2010 年选择省级科技创新与成果转化专项引导资金项目作为绩效目标管理试点，次年试点项目扩展到经贸、环保、社保、教育、农业等领域。② 2020 年南京市扩大项目绩效管理范围向更宽领域延伸，包括对政府购买服务、聘用人员、办公经费等其他运转类项目。③ 同年，盐城市对其他资金开展绩效管理，包括政府和社会资本合作（PPP）项目全生命周期、政府投资基金、专项债的项目绩效管理。④

（二）项目资金绩效管理的政策和法规依据

2003 年，党的十六届三中全会通过的《中共中央关于完善社会主义市场经济体制若干问题的决定》提出，“要推进财政管理体制改革”“建立预算绩效评价体系”。2013 年，《预算绩效评价共性指标体系框架》探索共性指标框架模式。2018 年中共中央、国务院发布《关于全面实施预算绩效管理的意见》强调力争用 3 到 5 年的时间基本建成“三全”预算绩效管理体系。⑤ 2020 年《项目支出绩效评价管理办法》提出根据不同的评价对象采用区别化的评价方法。

各级政府主动配合把绩效管理的内在要求融入政府工作中。以江苏省为例，2011 年为保障项目实施达到预期效果而出台《江苏省专项资金预算绩效目标管理暂行办法》；2019 年出台《中共江苏省委、江苏省人民政府关于全面实施预算绩效管理的实施意见》《江苏省省级预算绩效管理成果应用暂行办法》，明确到 2022 年年底，江苏省基本建成“三全”预算绩效管理体系；2021 年最高人民检察院制发《“十四五”时期检务保障工作发展规划》强调绩效管理理念，持续推动检务保障工作由增长驱动型向效益驱动型转变。

（三）项目资金绩效管理实践

以江苏省高邮市为例，近年来，该市制定出台系列制度，明确绩效目标管理、运行监控、绩效评价三个主要环节管理办法为主体，构建绩效指标体系框架、工作规程、专家管理、第三方机构管理及考核质量办法等多项细化措施为补充的“1 + 3 + N”预算绩效闭环

---

① 马恩涛、齐文燕：《绩效预算改革：国际经验与借鉴》，载《财政监督》2019 年第 18 期。

② 载 http://www.mof.gov.cn/zhengwuxinxi/xinwenlianbo/jiangsucaizhengxinxilianbo/201001/t20100105_255601.htm，2022 年 8 月 1 日访问。

③ 载 http://www.mof.gov.cn/zhengwuxinxi/xinwenlianbo/jiangsucaizhengxinxilianbo/202012/t20201211_3634127.htm，2022 年 8 月 1 日访问。

④ 载 http://www.mof.gov.cn/zhengwuxinxi/xinwenlianbo/jiangsucaizhengxinxilianbo/202006/t20200615_3532383.htm，2022 年 8 月 1 日访问。

⑤ “三全”预算绩效管理体系指的是管理层级全方位、管理链条全过程、公共资金全覆盖。

管理制度体系,[1]依托预算一体化系统,提高全过程预算绩效管理的质量和效果。其主要内容包括:一是项目申报时明确目标。资金使用部门在编制项目预算时明确项目绩效目标,其中,新增或预算投入与上年相比增长的项目必须进行事前绩效评估。二是开展监控和跟踪管理。年中及第三季度进行项目执行监控,跟踪序时进度的完成情况、分析偏差原因、提出改进措施、预计年终完成情况。三是绩效评价结果的运用。资金使用部门自评和财政部门评价相结合,在以绩效为导向的原则下,2020 年和 2021 年,该市相继取消绩效评估等级为"中""差"的项目 307 个,项目绩效管理闭环正在形成。

二、项目资金绩效管理对提升检务保障水平的意义

(一)项目资金绩效管理可以有效提高资金使用效率

随着财政压力逐年加大,财政资金在资源配置、项目安排上会有所选择。通过项目资金绩效管理,可以有效确定项目立项的必要性,预算投入的合理性,从而将业务与保障相衔接,实现精准分配,提高资金的利用效能。

(二)项目资金绩效管理可以有效促进执行财经纪律

通过立项评审、过程监控、绩效评价的全流程项目支出绩效管理模式,可以实现财政资金公开、透明、规范使用,缓解预算单位重申报、轻管理的现象,有效对项目资金支出的真实性、合法性和效益性进行监控,对发现的问题及时查处,保证项目资金的专款专用和安全规范[2],严肃财经纪律。

(三)项目资金绩效管理可以有效保障检察业务发展

运用"花钱必问效,无效必问责"的倒逼机制,可以定期对预算执行情况进行回头看,分析产生效果,评价目标实现情况,检查为实现目标所采取的措施、程序、方法,发现检察业务工作中存在的不足和弱项,及时调整计划,形成新的发展理念和发展思路,推动检察业务高质量发展。

三、检察机关项目资金绩效管理工作存在的问题

(一)思想认识不充分

1. 理念更新不够及时。实践中仍然存在注重项目立项和资金收入,忽略资金使用质量和项目绩效管理意义的倾向。受领导权变[3]影响,一些工作人员过分路径依赖[4]传统预算管理模式,认为项目资金绩效管理是形式,只要平时工作尽心尽力就行。然而,完成工

---

① 载 http://www.gytoday.cn/yw/2021-10-21/81436.html,2022 年 8 月 10 日访问。

② 刘宏馨:《积极开展财政资金绩效评价有效提升资金运行效果》,载《财经界》2016 年第 2 期。

③ 领导权变:费德勒权变模型认为有效的群体绩效取决于与下属相互作用的领导风格。

④ 路径依赖:道格拉斯·诺思《经济史中的结构与变迁》一文里把"路径依赖"扩展到制度变迁,人们一旦适应了某个制度,会对这种制度产生依赖,不愿意接受新的制度。

作是定量考核，绩效管理是定性考核，二者虽密切相关，但不一定是正相关。

2. 与财政部门理解存在偏差。《中央本级项目支出预算管理办法》①第 4 条指出，在基本支出预算之外的为完成特定的工作任务或事业发展目标的专款支出，包括基本建设、有关事业发展专项计划、专项业务费、大型修缮、大型购置、大型会议等项目支出。实际操作中，检察机关尤其是基层检察院资金收入受当地财政收入影响较大，会出现人员经费、日常公用经费无法由基本支出完全保障的情况，预算编制时按照地方财政部门的要求纳入了项目管理。

3. 专业化能力欠缺。一方面，司法体制改革后，司法行政人员配比少，从事检务保障工作的人员更少，往往一人承担多方面事务，平时专注于处理各种日常事务，很难专注项目资金绩效管理工作，不知、不会、不善运用绩效结果。另一方面，项目资金绩效管理是最近几年出现的新鲜事物，各级检察机关从事这方面工作的干警大多年纪较大，适应能力不足，缺乏学习钻研精神，相关部门的解读和培训一般针对填报流程，导致专业人才少，无法胜任绩效的全过程管理。

（二）制度保障不健全

1. 缺乏具体可操作性的制度。绩效管理工作要取得实效，必须法治化、长效化。国家层面虽然已出台相关政策，但是比较宏观。基层预算单位响应速度慢，没有强烈的制度制定需求，或者没有根据自身项目特点制定预算绩效管理制度和考核追究机制，照搬财政部门相关文件要求复制出的制度与市级工作脱轨，无法给予切实指导。

2. 职责划分不明确。财政部门是项目绩效管理牵头部门，通常联系预算单位财务部门收集绩效信息，预算单位习惯性将涉及财政资金的所有工作分配给财务部门，忽略了项目资金绩效的目的是督促项目负责人根据项目目标付诸于实践，并对在执行过程中遇到的问题定期研讨，及时调整相应措施。以司法救助项目为例，绩效考核指标涉及案件数量、救助人数、人均救助标准、办案时长等，指标标准涉及计划、历史和行业标准，财务部门难以全面掌握，需反复与业务部门沟通。

3. 指标设置弹性大。绩效指标往往简单地罗列岗位职责，选择容易获取的数据，赋分环节人为留有余地，降低数量指标值，模糊效果具体化程度，又或者将关键绩效指标权重压低，指标无法实现针对性。虽然财政部门做出了探索，提供一套各机关单位通用的考核指标，又或者借鉴企业的 KPI 绩效考核方法对项目进行考核，但是这种“一刀切”式的绩效考核指导，反而间接导致各预算单位之间绩效指标的趋同性，无法反映其特色的绩效效果。

（三）监督管理不严格

1. 事前评估严谨不够。项目立项前应通过充分的调研和论证，目的在于防止盲目上

---

① 载 http://yss.mof.gov.cn/zhengceguizhang/200805/t20080522_33871.htm，2022 年 10 月 10 日访问。

马，造成财政资源浪费。事前评估遵循“谁提出项目，谁负责评估”的原则，由项目预算单位负责成立评估组对立项必要性、投入经济性、绩效目标合理性、筹资合规性、实施方案可行性进行评估。① 预算单位既是项目资金的执行者又是项目绩效前评者，评价本单位项目时无法避免主观性，往往形式大于内容，结果重于过程，事前评价结果“优”居多，但其专业性、科学性值得商榷。

2. 事中监控效果不够。财政部门每年 6 月、10 月收集绩效监控信息，要求各预算单位填报实际执行值，与年初制定的计划值进行对比，偏离较大的做出说明、提出整改措施，并预测年底是否能完成目标。指标计划值于年初根据年度工作计划制定，绩效监控时存在部分项目或部分指标完全不考核的情况，其年中监控显得毫无意义。现行的财政绩效监控系统更关注预算执行层面，即使大部分指标计划值完成了序时进度，如果预算执行稍有偏差，也会判定红色预警。这从源头上背离了预算绩效“双监控”②的意义，更容易造成财政资金浪费。

3. 事后评价应用不够。事后评价由预算单位先自行评价，“优”“良”居多，现阶段绩效评价结果与来年预算安排很少挂钩，缺乏绩效评价的激励和约束机制。近两年，高邮市累计开展绩效评估 1255 项，绩效监控 1114 项，绩效评价 1367 项，财政绩效评价 10 项，项目多、资金大，财政部门人手不足，制约绩效评价工作的深入开展。另外，公众的参与度不高，项目资金所追求的目标应该是公众的满意度，③公众参与目标设置、指标设计、绩效评价等环节，有利于更好地调整目标和指标，达成绩效共识。但满意度指标达成率往往自行估计，虽然在预算一体化系统上公开绩效信息，但群众的知晓率和监督利用率并不高。

四、项目资金绩效管理促检务保障水平提升的对策

（一）以思想认同为基础，培育项目资金绩效管理专业化人才

1. 提高政治站位。将项目资金绩效管理工作上升为一把手工程，做到与业务工作同谋划、同部署、同推进、同考核，改变片面追求预算数量与速度增长的模式。一方面，将项目绩效管理工作与单位总体发展规划、年度重点工作、重点任务相结合，项目绩效指标与业务绩效考核相结合。另一方面，在与干警充分沟通的基础上，根据部门整体目标和职责设定项目目标，提升干警在项目绩效管理工作中的认同感和自觉性。

2. 强化专业培训。充分利用会计继续教育学习平台，财政部门举办的各类培训，将培训对象扩大至财务负责人、业务分管领导、项目负责人，督促深入学习项目绩效管理业

---

① 参见王波：《全面实施预算绩效管理与政府治理效能提升》，载《地方财政研究》2021 年第 7 期。

② 双监控指对预算执行情况和绩效目标实现程度的监控。

③ 参见刘宏馨：《积极开展财政资金绩效评价有效提升资金运行效果》，载《财经界》2016 年第 2 期。

务，提高综合业务水平。同时，加强项目绩效工作人员的心理建设教育，引导其改善思维方式，不把绩效工作当作额外负担，树立正确的项目绩效意识，提升专业素养，为开展项目绩效工作提供有力保障。①

3. 加强交流沟通。加强与财政部门的沟通，科学划分项目范围，在充分分析经费支出性质的基础上判断是否为项目，建议补足人员经费、公用经费的不需要作为项目。延续性维持单位正常运转，预算投入增幅在正常范围内的，不需要提供绩效前评。加强与项目责任部门和干警的沟通，财务部门不仅是填报报表，而且是在项目执行中要强化管理、协调和监督，真正起到“牵头”作用。

（二）以完善制度为保障，提升项目资金绩效管理约束力

1. 制定个性机制。检察机关在规范执行财政有关项目绩效制度的基础上，应着眼于检察业务的特点，制定本系统、本部门的绩效管理制度，明确项目绩效管理的基本框架、基本原则，并建立相关专家人才库、指标数据库，实现有法可依、有章可循。

2. 明确职责分工。提高业务部门参与度，由业务部门制定项目目标、指标，进行绩效沟通、评价。从绩效中倒查工作不足，更加能动履职，从而提升干警的责任意识和紧迫感，使其发挥最大潜力。财务部门定期对项目执行情况进行跟踪，发现指标偏差及时与项目人员交流，督促采取相应措施予以解决或纠正。

3. 科学确定指标。采用理论分析结合实际的方法，构建一套指标合理、可行性高的绩效管理流程。② 指标分为共性指标和个性指标，共性指标可以参考财政部门下发的指标框架，也要从“精简、优化和标准化”转换为“细微差别”，再结合“四大检察”“十大业务”，使个性指标充分体现新时代检察机关职责。绩效目标贴合年度和中长期事业发展规划，主要凸显正常履职和事业发展提升两方面。

（三）以多元化监督为手段，构建项目资金绩效管理动态体系

1. 引入第三方监督。财政部门可以依托专业绩效考核机构，配置专业能力强、职业品德高的第三方，对目标是否合理、过程是否规范，评价报告、资金测算、评分表等内容填写是否完整、科学，佐证材料是否齐全，论证是否成立等方面进行审核。通过事前确定项目的必要性、事中确定执行是否偏离、事后确定评价的运用，最大化降低自评的局限性，确保评价工作的专业和权威。

2. 深化内部监督。一方面，发挥检务督察“尖刀”作用，定期对项目资金绩效工作进行跟踪督办，实现项目经费结余数的动态管理，同时完善检务督察机制与纪检监察监督的衔接体系，③通过检务督察延伸派驻纪检监察组的触角，切实增强监督的有效性与全面

---

① 参见王云川：《职业道德、环境与会计行为》，载《中国总会计师》2022 年第 6 期。

② 刘宏馨：《积极开展财政资金绩效评价有效提升资金运行效果》，载《财经界》2016 年第 2 期。

③ 参见李明蓉：《检察机关内部监督工作机制的创新和完善》，载《人民检察》2013 年第 4 期。

性。另一方面,完善激励机制,建立项目绩效考核制度,将项目绩效考核工作纳入考核体系,形成项目目标责任、检查监督、考核奖惩"三位一体"的激励约束机制,提高干警积极性。

3. 规范财政监督。完善财政预算一体化系统项目监控体系设计,年中监控设定允许20%的偏差值。将评价结果作为来年预算安排、机关单位服务高质量发展考核的重要依据,形成绩效评优和问责机制,通过与各单位之间评先进、学先进、赶先进,提升检务保障工作水平。

(四)以深耕创新为突破,打造"专精特新"检务保障队伍

1. 打造特色品牌。紧扣检察核心主业和重点工作任务,全力打造项目需求导向型检务保障品牌,推动项目管理制度体系形成,建立健全有效的权力制衡机制、监督管理机制、联动共享机制,发挥领导决策参谋助手的作用。比如,坚持和完善重大项目、重要决策前充分调研座谈的参谋制度;由立项评估小组、内控领导小组,依托预算一体化系统,根据监控时间节点反馈结果的督察督办制度,探索自身项目管理方面的创新理念、思路、方式、手段等,并加强上下级交流借鉴的联动共享机制。

2. 选择合适的目标管理办法。目前,主要使用的目标管理办法有 KPI① 和 OKR②。KPI 一般自上而下设定明确量化目标,进行定量管理,具有单边性质,指标定低了激励效果不佳,定高了难以完成。选择 OKR 目标管理办法,在与干警充分沟通的基础上设定事实目标,再设定一系列关键结果。仍以司法救助项目为例,要做到"精准帮扶""应救尽救"或争取司法救助率在全市基层检察院中排名第一的目标,就要设定 OKR 关键结果,如指定专人负责,定期挖掘案件信息,某个节点救助案件数量做到同比上升,区分不同案件确定不同救助标准等。评估小组、项目负责部门、财务部门、人事部门都参与讨论这个绩效目标和关键结果,确定各部门的工作和投入的资源,整个执行过程是融入集体思考、上下同频的管理过程。

3. 科学设计赋分权重。指标赋分尽量减少主观因素影响,在平衡分布的基础上突出重点,体现目标导向。为防止因某个指标权重过高而特别关注、过低不引起重视,可以借鉴企业设定指标的权重,一般选择5%的倍数。③ 在采用 OKR 目标管理方法时,一方面,重点关注关键结果,可以偏向于实现检察职能目标相关度高的,体现检察机关事业发展方向的指标权重;另一方面,要有"啃硬骨头"的精神,降低容易达到的关键结果权重,提高需要努力才能达成的关键结果权重,倒逼改进绩效。

---

① KPI 指 Key Performance Indicator 关键指标。

② OKR 指 Objectives and Key Results 关键结果。

③ 从概率统计的角度低于5%是一个小概率事件,把这样一个指标作为"关键绩效指标"意义不大。从操作的角度看,如果有指标权重低于5%,说明绩效指标的条目比较多,也不符合抓关键少数的原则。